デジタルマーケの成果を
最大化するWebライティング

齊藤麻子

SAITO Mako

WEB WRITING

to Maximize

DIGITAL

MARKETING

Results

日本実業出版社

なぜ「いいライターがいない」と言われるのか？

はじめに

「いいライターがいません」

　コンテンツマーケティングを実践している企業の人と話をすると、**「いいライターがいません」**という悩みをよく聞きます。いちオウンドメディアの編集長として、同じく私もそう思います。安心して執筆を任せられるライターがどうもなかなか見つからないのです。

　オウンドメディアを立ち上げて記事作りに取り組む企業は、不思議とみな次のようなストーリーを歩みます。

　はじめは「外注費がかからないし、社員に記事を書いてもらおう」と考えます。しかし忙しい社員に記事を書いてもらうのは想像以上に難儀なことです。「今月はそれどころじゃなくて」と本人や上司から断られる、締切通りに原稿があがってくることはほぼゼロ、なんとか出してもらった原稿は専門用語連発で読みにくく編集にものすごく時間がかかる……。こうして未回収の原稿と心労が溜まった編集部は、「執筆はライティングのプロに外注しよう」と画策し始めます。

　いざ、クラウドソーシングやビジネスマッチングサービスを使ってライターを募集します。大量の候補者のなかからようやく見つけた「ビジネス系の記事を書いたことがあるライター」に、お試しで1本発注してみるわけです。しかしこのチャレンジも残念な結果に終わります。「自

分で全部書き直したほうが早いんじゃないか」という気持ちにならざるを得ない雑な原稿が、たいてい締切翌日の午後にあがってくるのです。続けて依頼できそうなライターには「5人に1人いればラッキー」くらいの確率でしか出会えません。

　こうして冒頭に戻ります。「いいライターがいません。誰か紹介してくれませんか？」「それが、うちも同じ状況で……」という会話が企業間で繰り返されては、とくに明快な解決策を得られることなく、宙に舞い消えていきます。

　なにも企業は、マーケティングの知見と拡散力を持っているようなハイスペックなライターを求めているわけではありません。「締切通りに、ていねいに文章を書き上げてくれるライター」を探しているだけなのに、驚くほど出会えないのです。

「いいライターがいない」 構造的な理由

「ライター」は、いますぐ誰もが名乗れる職業です。参入障壁がゼロだからこそ、玉石混交になってしまうのはある程度仕方がありません。

　また、参入障壁が低いこと以上に、スキルアップの機会を得づらい点が諸悪の根源だと感じます。残念な原稿があがってきたとき、ほとんどの編集者は「あとはこちらで対応します」と業務を巻き取ります。なぜなら修正箇所が多ければ多いほど、「なぜこの文章がよくないのか」を逐一指摘するより、自分の手で黙々と直したほうがはるかにラクだからです。つまり、未熟なライターほどフィードバックを得られる機会がありません。

さらには、「文字単価」という古いビジネスモデルも悪影響を及ぼしています。どんなに日本語がイケていなかったとしても、発注側は提出された文字数に対してお金を支払わなければなりません。よってライターは、自分のライティングスキルがどんなに低かろうが、とにかく文章を書いて提出すれば多少は稼げてしまいます。

　このように、**業界の構造そのものが「ライターのスキル向上の機会」を奪っている**のです。

　くわえて2000年前後までは、とにかく大量に記事を作って世に出すだけで、ある程度検索流入を増やせました。言うなれば「記事の量」が成果に直結する時代だったのです。当時ライターに求められていたものは、量産体制を築くための「スピード」と「安さ」。だからこそ「とりあえず文字を納品するだけのライター」にも一定のニーズが存在してしまい、ライターが危機感を覚えるタイミングが遅れてしまったように思います。

　一方で2023年現在、インターネット上の情報が指数関数的に増えているため、ただ大量に記事を出すだけで成果につながることはまずありません。いい記事でなければ、検索上位がとれることも、SNSでシェアされることもない。つまり「量」だけでなく、「質」が強く求められるようになりました。そのため企業は多少コストを払ってでも「高品質な記事を作ろう」と努力していますし、ライターには「高品質な文章」を求めています。しかし前述の背景から、市場にいるのはスキルが伴わないライターばかり。その結果、ライティングを外注したい企業はみな「いいライターがいない」という課題にぶち当たるのです。

　マーケティングにおいて「コンテンツ作り」はとても重要です。「い

いライターがいない」という課題が生まれていることこそ、いまもなお記事制作とライターの需要があるなによりの証拠です。にもかかわらず、安心してライティングを任せられる人がいない。私はその課題を解決するために、**マーケティングにおける「いい記事の書き方」**を、本書にまとめました。

マーケターでありライターであり編集者である立場から

申し遅れました。株式会社LIG（リグ）の齊藤麻子（さいとうまこ）と申します。普段は「まこりーぬ」という名前で記事を書いています。コンテンツマーケティングに取り組む企業の経営者のみなさんから指名でライティングの仕事をいただき、月に6本、年間で70本ほど記事を書くような生活を3年半ほど続けています。

ただし本業はライターではなく、「マーケター」です。株式会社LIGのインハウスマーケティング部門の長として、チームメンバーと力をあわせながら、自社のお問い合わせを増やすべく日々仕事に取り組んでいます。守備範囲は広告・SEO・セミナー・メールなど、マーケティング全般です。

そんな私がライティングをするようになったきっかけは、上司の指示で先輩マーケターに取材にいったことでした。いざやってみると「取材をして記事を書く」という仕事が想像以上に自分にハマったらしく、ありがたいことに多くの方に記事を読んでもらいました。

さらにそこから、取材相手であった経営者のみなさんから「うちでも記事を書きませんか？」と副業の依頼を受けるようになり、あれよあれよとライティングの仕事が舞い込むようになったのです。ライターの仕

事を始めて以来、つねに案件を抱えている状態が続いています。直近は「ライティング講座」の講師を依頼される機会も増えました。

▼指名でお仕事をいただいている企業（一部、五十音順）
アナグラム株式会社、株式会社うるる、株式会社キーワードマーケティング、株式会社才流、株式会社セールスリクエスト、株式会社トライバルメディアハウス、株式会社ベイジ、株式会社 THE MOLTS、株式会社ラクス、株式会社リチカ、株式会社 WACUL など

▼お客様の声
・書いてもらった記事に対して、手直ししようと思ったことがない
・文字起こしの切り貼りではなく、読み物として再構成されている
・質問項目にストーリーがあり、事前に完成イメージが湧いてくる

　こうしたライターとしての活動を評価してもらい、2021年からは弊社 LIG のオウンドメディア「LIG ブログ」の運営に携わることになりました。「LIG ブログ」は、2007年創業時からいまもなお平日1日1本欠かさず更新を続けている、月間約200万 PV のご長寿オウンドメディアです。2023年現在は「編集長」として、社員が書いた記事にフィードバックをしたり、外部のライターに仕事をお願いしたりしています。つまり私は、マーケターでありライターであり編集者でもある、うっかりすべてを同時進行しているような人間です。

　ライター歴は3年半と、決して長いわけではありません。「文章が好き」というモチベーションで幼いころから文章を書き続けてきたわけでもありません。しかしながら、他職種からライターに参入したからこそ書ける記事があり、ライターとして仕事の依頼が絶えないのだと感じています。

本書では、そんなあらゆる立場を経験しているからこそ生まれた自身のライティングノウハウを余すことなくまとめました。また、名だたるベテランマーケターのみなさんから取材を通じて学んできたこともすべて、この一冊に詰め込んでいます。

「ライター・編集者・マーケター」のための本です

　本書では、マーケティングで成果を出すための「いい記事の書き方」を徹底解説します。文章術の本やSEOの本はこの世にごまんと存在しますが、SEOに閉じずマーケティング全体をカバーしたWebライティングの本は少ないのではないでしょうか。

　本書をぜひ読んでいただきたいのは、**マーケティング目的で記事を執筆する機会があるライターや社員のみなさん**です。Webやマーケティングにあまり馴染みがないライター、ライティング経験がない社員でも参考にしてもらいやすいよう、できるだけ細かくていねいに、具体例を挙げながら説明しました。

　とくにフリーライターのみなさんは、「ライターとして生き残るために武器を増やしたい」という気持ちでこの本を手に取っていただいたのではないかと思います。

　コンテンツマーケティングの変化とテクノロジーの進化に伴い、「とりあえず文字を納品するだけのライター」が淘汰されることはほぼ間違いありません。しかしながら**「マーケティングの成果に貢献するライター」へと変貌すれば、あなたに「仕事を依頼したい」と考える企業は確実に存在します**。本書にて、「文章を書くこと」を仕事にし続けるヒントを得ていただければ幸いです。

なお、あくまで「マーケティングで成果を出すための記事の書き方」に焦点を当てているため、本書では「Webライターとして案件を獲得する方法」「アフィリエイトですばやく収益化する方法」などには触れていません。何卒ご了承ください。

　一方、**記事をディレクションする立場である編集者やマーケターのみなさん**にとっては、企画・フィードバックするうえで役立つエッセンスをつかんでいただけるはずです。

　編集者やマーケターのみなさんは、きっと「コンテンツマーケティングを加速させたいのに、いいライターがいない」という悩みに共感し、この本を読み進めてくださっているのではないかと思います。いいライター不在問題は、業界の根深い課題です。この状況を打開するには、**企業側にはいよいよ「社内外でいいライターを育てる」マインドが求められている**と感じます。本書が「いい記事の書き方の教科書」となり、外部ライターや社員のライティングスキル向上を支援すること、ひいては貴社の成果創出につながることを心より願っています。

本書の流れ

　第1章では、「いい記事とはなにか」を定義します。マーケティングの成果につながるのは「直接コンバージョンを獲得する記事」か「純粋想起につながる記事」であり、その具体例を示します。

　第2章は、Webやマーケティングにあまり馴染みのない方向けに、本題に入る前に知っておきたい基礎知識をまとめました。「SEO」「SNS」「メール」の特性などを紹介しています。

続く第3章〜第7章は、本書のメインです。「手順別」「パーツ別」「記事パターン別」という3つの切り口で、いい記事の書き方を徹底解説しました。よくある失敗例を交えながら、ライティングのコツを具体的に紹介します。

　第8章・第9章は、オウンドメディアを運営する編集者やマーケターのみなさんを対象にしています。いい記事を「出し続ける」ために、外部ライターとうまく協業する方法、忙しい社員を巻き込む方法をまとめました。最後には、「LIGブログ」の直近の成功・失敗事例を赤裸々に公開しています。ぜひ、最後までご覧ください。

本書の流れ

		ライター	編集者	マーケター
第1章	「いい記事」を定義する			
第2章	はじめに知っておきたい基礎知識			
第3章	企画を立てて素材を集める			
第4章	いざ、執筆しよう			
第5章	客観的に推敲する			
第6章	パーツ別のライティングポイント			
第7章	記事別のライティングポイント			
第8章	いい記事を「出し続ける」ために			
第9章	忙しい社員を巻き込むために			

　本書を読めば、マーケティングにおける「いい記事」の書き方がインプットできます。その後、実際にアウトプットするときも該当ページを繰り返して開いて、教科書のようにご活用いただければ幸いです。

2023年10月　齊藤麻子

第 **2** 章 はじめに知っておきたい基礎知識

第 **3** 章　企画を立てて素材を集める

第 4 章 いざ、執筆しよう

第 7 章　記事別のライティングポイント

自分が書くものをおもしろがる——おわりに

ブックデザイン／三森健太(JUNGLE)

DTP／一企画

「いい記事」を定義する

Define Good Articles

はじめに、マーケティングにおける「いい記事」とはなにか、
定義することからスタートします。ここで定義する「いい記事」
を基準に本書を展開していきます。

「コンテンツマーケティング」とは

マーケティングにおける「いい記事」を定義するために、「コンテンツマーケティング」とはなにか、さらっと見ておきましょう。

マーケティングの父・コトラーの言葉を借りると、「マーケティング」とは、「顧客のニーズに応えて自社の利益を上げること」です。なかでも「コンテンツマーケティング」は、**「顧客が知りたい情報（コンテンツ）」を提供することで、顧客との関係性を築く手法**です。ポイントは、企業が知ってほしい情報ではなく「顧客が知りたい」情報を提供すること。たとえばシステム開発会社であれば、「自社の実績」「自社の強み」だけでなく、「システム開発会社の選び方」「システム開発の流れ」「システム開発でよくある失敗」といったノウハウを提供して、潜在顧客との接点を獲得します。

コンテンツマーケティングとは

顧客が知りたい情報を提供
記事・セミナー・動画・音声・書籍など

コンテンツをきっかけに
企業名・サービス名を認知したり
連絡先を提供したりする

企業　　　　　　　　　　　　　　　　　　　　　　顧客

　ちなみに、コンテンツとは「記事」だけではありません。「セミナー」「動画（YouTubeなど）」「音声（Podcastなど）」「書籍」など、あらゆるフォーマットが存在します。本書はライティングが主題のため「記事」を前提に話しますが、一部のノウハウは他のフォーマットでコンテンツを作成する際にも役立つのではないかと思います。

　Google公式ツールで調べてみると、「コンテンツマーケティング」という言葉は2014年から2016年にかけてグッと検索回数が伸びています。あらゆる企業がオウンドメディアを立ち上げ、記事を作り、インターネット上での情報発信に力を入れ始めたタイミングです。この時期を「オウンドメディアブーム」と呼ぶ人もいます。

　また、2019年末より始まった**コロナ禍においては「デジタルマーケティング」そのものが改めて注目を浴びました**。外出自粛・リモートワークの普及に伴い「テレアポしてもつながらない」「展示会が開催されず名刺獲得の機会がない」「対面で営業できない」という課題が深刻化したのです。その結果、営業が強くマーケティングが不要だった会社も、一斉に「オンライン上で見込み客との接点を持とう」と乗り出しました。

　多岐にわたるデジタルマーケティング施策のなかでも、「コンテンツを作る工数さえ確保できれば、予算が少なくとも実施できる」という理由からコンテンツマーケティングは爆発的に広まりました。「ウェビナー（オンラインセミナー）」の大流行が最たる例でしょう。

　もしかすると、「いまさらコンテンツマーケティングを頑張ったって、競合他社の情報に埋もれてしまうだけじゃないか」と考える人もいるかもしれません。たしかに、インターネット上の情報が指数関数的に増え続けているいま、自社のコンテンツを見つけてもらうことは至難の業です。さらに、モノが飽和している現代において、サービスの「性能だけ」

で差別化するほうがもっと大変でしょう。自社サービスを選んでくれる人を増やすためには、**想いあふれるブランドストーリーを語り歩くか、顧客にとって有益な情報を提供し続けて信頼関係を築くしかありません。**いずれにせよ「コンテンツの発信」が欠かせないのです。

　ゆえに、コンテンツ発信を「経営の核」と捉えている経営者も少なくありません。私がライティングのお手伝いをしている企業（株式会社WACULやアナグラム株式会社、株式会社ベイジ、株式会社才流など）の多くは、経営者自身が率先してコンテンツを出し続けています。

　弊社LIGも、オウンドメディア「LIGブログ」で十数年間にわたり発信を続けてきたからこそ、指名でお問い合わせをもらえる会社へと成長しました。指名での相談は受注確度が高く、プロジェクト期間も顧客とよいパートナーシップを築きやすい傾向があります。そのため代表の大山智弘も「LIGブログはLIGの心臓である」と明言しており、コンテンツ発信に投資を続けています。

コンテンツマーケティングの よくある4大失敗例

「いい記事」の定義に入る前に、典型的な「失敗例」も見ておきましょう。コンテンツマーケティングの現場では、次のような失敗がよく繰り返されています。

1．流入元が設計されていない
2．コンバージョンが設計されていない
3．コンテンツがつまらない
4．成果が見えず途中であきらめる

なお、「お問い合わせ」や「お役立ち資料ダウンロード」など、企業がユーザーに起こしてほしいアクションを「**コンバージョン**」、コンバージョンへ誘導するボタンを「**CTA**（Call To Action）」と呼びます。

流入元とコンバージョン、CTA

流入元
＝たどり着いてもらう手段
SEO　「○○で検索して」
SNS　「○○さんの投稿で」
メール　「○○社のメルマガで」

記事

コンバージョン
＝ユーザーに起こしてほしいアクション

お問い合わせ・購入
お役立ち資料ダウンロード など

CTA

CTA（Coll To Action）
＝コンバージョンへ誘導するボタン

1. 流入元が設計されていない

　コンテンツマーケティングのよくある失敗例の1つ目は、流入元が設計されていない、つまり「どうやって読者にたどり着いてもらうのか」が不明瞭なまま記事を公開しているパターンです。これはとくに、Webメディアの経験が浅い編集者や広報が中心となって運営しているオウンドメディアで起こりがちです。一つひとつの記事のクオリティを上げることへの気概は十分なものの、「記事をどう届けるか」に関心が薄く、結果としてPVが伸びないのです。残念ながら、**「いいコンテンツを作れば自然と数字はついてくる」なんて幻想**です。どんなに魅力的なコンテンツだったとしても、無人島でそれを公開すれば読者は訪ねてくれません。

2. コンバージョンが設計されていない

　2つ目は、なかなかコンバージョンにつながらないパターンです。そもそもCTA（ボタン）が目につく場所に置かれていない、あるいは、サービス説明を記事内で一切おこなっていないのに突然お問い合わせに誘導している、そんなオウンドメディアが散見されます。「お問い合わせを増やしたい」と口では言っているわりに、**読者をコンバージョンへと導く案内が雑すぎる**のです。これは「記事を増やしていけば、そのうちお問い合わせがくるだろう」という、企業都合の楽観的な発想から生まれがちです。自分が読者の立場になったとき、どう誘導されるとコンバージョンしたくなるかを見直す必要があるでしょう。

コンテンツマーケティングのよくある大失敗例

流入元が 設計されていない	コンバージョンが 設計されていない	コンテンツがつまらない	成果が見えず 途中であきらめる

3．コンテンツがつまらない

　3つ目は、「そもそもコンテンツがつまらない」という残念なパターンです。読者がものすごく「読みたい」テーマでも、執筆者が熱烈に「書きたい」テーマでもなく、「業界的にこの辺のテーマをおさえておけばいいだろう」という気持ちが透けて見えるような、無難なコンテンツが量産されているオウンドメディアをたびたび見かけます。これは「オウンドメディアを運営すること」が目的化してしまっている編集部で起こりがちです。つまらないコンテンツは当然SNSでシェアされませんし、仮に検索上位がとれたとしても、独自性がなければ数か月〜数年で順位は基本的に下がります。メールのネタにはなりそうですが、せっかく工数をかけて記事を作るのであれば、新たな見込み客にリーチする記事を作りたいものです。

4．成果が見えず途中であきらめる

　流入元やコンバージョンの設計が不十分で、コンテンツもつまらなけ

れば、PVもコンバージョンも当然ながら増えません。「**このまま記事を公開し続けて意味はあるのだろうか？**」と編集部は徐々に疲弊し、記事作りへの情熱を失っていきます。最終的には、「**これだけコストをかけてオウンドメディアを運営する意味ってあるんだっけ？**」と経営者にツッコまれて試合終了です。こうして更新が止まってしまったオウンドメディアの屍（しかばね）はインターネット上にいったいどれほどあるのでしょうか。老後に一度数えてみたいと思うほどです。

　本書では、こうした「よくある失敗例」にハマってしまわないように、マーケティングの成果につながる「いい記事」の書き方を解説します。

COLUMN
「コンテンツは資産」は本当か？

　コンテンツマーケティングに取り組むべき理由の一つに、「コンテンツは資産になるから」という主張がよく挙げられます。たしかに、一度作ったコンテンツは永遠にインターネット上に残り続けます。「フロー（流れていくもの）」ではなく「ストック（溜まっていくもの）」です。そのため私自身もずっと「コンテンツは資産だ」と盲信していました。

　しかしながら数年前、デジタルマーケティングカンパニーである株式会社THE MOLTSのメディアコンサルタント・寺倉大史（旧そめひこ）さんから **「ペラペラな記事はいくら積み上げてもゴミ。負債ですらある」** という言葉をもらったとき、私はハッとしました。

　当時のLIGブログは「全社員で記事を書く」「毎日更新する」というカルチャーを守ろうとするあまり、誰かが喜んでくれるわけでもない、ただの日記のような記事を公開することがしばしばありました。それを読み、「この会社に仕事を依頼しよう」と思ってくれるお客様は、はた

して存在するでしょうか?　むしろ「信頼に値しない」と判断されるリスクのほうが大きいと言えるでしょう。オウンドメディアの運営が目的化してしまい、いつしか本質を見失ってしまっていたのだ、と私は強く反省しました。

「いい記事」であれば、資産になることは間違いありません。しかしペラペラな記事はいくら増やしても資産にはならず、むしろ負債になるリスクすらあります。目的意識をもち、一球入魂で粛々とコンテンツを作り続けるしか、マーケティングで成果を出す方法はないのです。

マーケティングにおける 「いい記事」とは

「直接コンバージョン」か「純粋想起」を目指す

　それではいよいよ、マーケティングにおける「いい記事」を定義していきましょう。大前提として、マーケティングは企業の売上を伸ばすための活動です。よって「いい記事」とは当然売上につながる記事であり、大きく次の2つに分けられます。

　　１．短期的に売上に貢献する「直接コンバージョンを獲得する記事」
　　２．中長期的に売上に貢献する「純粋想起につながる記事」

　この分け方は、株式会社ベイジ代表の枌谷力さんの教えをベースにしています。なお、「純粋想起」とは「Web制作会社といえば？」「LIG」というふうに、あるサービスカテゴリに対して企業名・サービス名が思い出される状態を指します。ブランドの認知度調査においてよく登場する言葉です。

1. 直接コンバージョンを獲得する記事

　1つ目の「直接コンバージョンを獲得する記事」とは、**「すでにニーズがある人にタイミングよく情報を届けてコンバージョンへと導く記事」**です。たとえば、「システム開発のパートナーを探したい」という動機で「システム開発会社」と検索したとき、上位表示された「システム開

発会社の比較記事」からそのままお問い合わせをするケースがあてはまります。ほかでは、定期的にチェックしているファッションECから「冬のおすすめコーデ特集」がメールで送られてきて、特集記事からそのままアイテムを購入するケースなどが挙げられます。

2. 純粋想起につながる記事

　2つ目の「純粋想起につながる記事」とは、**「ニーズが生まれたタイミングで企業名・サービス名を思い出してもらうことに寄与する記事」**を指します。具体的には、「この記事をブックマークしていて、困ったことがあるたびに読み返しています」「この記事に衝撃を受けて、業務への取り組み方が変わりました」といった感想を生み出すような、読者の記憶に残る記事です。こうした良質な認知を獲得できていると、いざニーズが発生したタイミングで「あの会社に頼もう！」と思い出してもらえます。

直接コンバージョンを
獲得する記事を作るために

ニーズがなければコンバージョンにはつながらない

　まずは、直接コンバージョンを獲得する記事を作るときにおさえるべきポイントを2つ紹介します。

　　１．すでにニーズがある人に記事を届ける
　　２．ニーズに合うコンバージョンを用意する

　直接コンバージョンを獲得する記事、つまり読者にアクションを求める記事においては、「**読者のニーズに寄り添うこと**」が絶対です。なぜなら、どんなに魅力的なコンテンツであったとしても、読者の行動をねじ曲げることはできないからです。たとえば超有益なマーケティングのノウハウ記事を読み、「このコンテンツを作った会社は信頼できるな」と感じたとします。しかし直近でマーケティングに困っていなければ、すぐに問い合わせることはないでしょう。このように、**まったくニーズのない状態から、コンテンツの力だけで無理やりお問い合わせ・購入へと導くことはほぼ不可能**です。

　もちろん、食品やコスメなど購入頻度が高いBtoC商品であれば、たまたまSNSで見かけた記事を経由してそのまま購入することもあるでしょう。しかしそれはもともと日常的に食品やコスメを購入しているからこそ起きるアクションです。コンテンツにできることは、あくまで**カ**

スタマージャーニーに入り込み、次に起こるであろうアクションを誘発することだけなのです。

1.　すでにニーズがある人に記事を届ける

　こうした前提を踏まえると、記事から直接コンバージョンを獲得するためには**「すでにニーズがある人に記事を届けること」**が欠かせません。よって記事の流入元は、受動的に情報を眺めている「SNS」ではなく、能動的に情報を調べている「検索」のほうがマッチします。また、サービス資料請求者にメールで事例記事を送る、既存顧客にメールで追加購入商品の紹介記事を送るといった「メール」でのアプローチも、直接コンバージョンの獲得に有効です。

　なお、記事の流入元を「検索」にしたい場合、「検索ユーザーのニーズに徹底的に応えるコンテンツ」を作り、検索上位を獲得する必要があります。こうした側面からも、直接コンバージョンを獲得するためには「読者のニーズに寄り添う」しかないのです。SEO（検索エンジン最適化）のポイントは第2章で改めて解説しますので、あわせてご覧ください。

2.　ニーズに合うコンバージョンを用意する

　すでにニーズがある人に無事リーチできたなら、あとはそのニーズに応えるCTAを置くだけです。「システム開発会社 おすすめ」と検索しているような、すでにサービスを探している人に届く記事であれば、「お問い合わせ・購入」へ速やかに誘導しましょう。

　ただし、サービスを探している人が検索するであろうキーワードのほとんどは、あらゆる企業が「検索上位を獲得しよう」としのぎを削って

います。とくにBtoCサービスであれば、屈強なアフィリエイターたちが熾烈な戦いを繰り広げていることでしょう。こうした競合性が高いキーワードにおいて、後発企業が上位を獲得することは容易ではありません。また、BtoBサービスの場合はそもそも自社にマッチするキーワードの種類や検索ボリュームが限られるため、仮に上位を獲得できたとしても、得られるお問い合わせ数はたかが知れています。すでにサービスを探している読者に直接アプローチする方法だけでは、すぐ限界がきてしまうのです。

　そのためコンテンツマーケティングにおいては、サービスではなく「ノウハウ」を探している人が検索するキーワードで上位を獲得し、「より詳細なノウハウを知りたい人はこちらもどうぞ」と、「お役立ち資料ダウンロード」や「セミナー予約」へ誘導する企業も多く存在します。つまりコンバージョンを「お問い合わせ・購入」ではなく、「リード獲得（見込み客の連絡先の取得）」にするのです。こうしてコンバージョンのハードルを下げて多数のリードを獲得できれば、メールや電話を通じて見込み客と継続的に接点を持てるようになり、営業・マーケティングの打ち手が広がります。

　なお、「ノウハウ」を探している読者にいくら「お問い合わせ・購入」を案内しても成果にはつながりません。まれにお問い合わせにつながることもありますが、数万人に1人レベルです。繰り返しになりますが、「直接コンバージョンを獲得する記事」においては「読者のニーズに寄り添うこと」が正義です。顧客の行動をねじ曲げようとするのではなく、ニーズに合うコンバージョンを用意しましょう。

直接コンバージョンを獲得する記事の例

弊社LIGの「システム開発」の場合

見込み客の状態	流入元	記事の種類	コンバージョン
ノウハウを探している人（まだサービスには興味がない人）	「オフショア開発失敗」で検索	ノウハウ記事	お役立ち資料ダウンロード
サービスを探している人	「システム開発会社」で検索	サービス比較記事	お問い合わせサービス資料請求
自社のサービスに興味がある人	メール（サービス資料請求者へ配信）	事例記事	お問い合わせ

純粋想起につながる記事を作るために

「ふつうに役立つ」程度では記憶に残らない

続いて、純粋想起につながる記事を作るコツを紹介します。

純粋想起につながる記事とは、すなわち**「読者の記憶に残る記事」**です。ぜひ一度、自分の記憶に残っている記事を思い出してみてください。……なかには、「覚えている記事なんてほとんどない」と感じる人もいるでしょう。情報過多の現代において、残念ながら「ふつうに役立つ」程度の記事は読者の記憶に残りません。次に紹介する3つの代表例のように、読者を圧倒するコンテンツを作る必要があります。

1．実務で繰り返し使える
2．長年の知見が詰まっている
3．固定観念を覆している

読者の記憶に残る記事には「読者の心を動かす」要素が多分に含まれるため、クチコミが生まれやすく、「SNS」を中心に広がることがほとんどです。社内チャットで「この記事おもしろかったよ」と同僚にシェアされることも多いでしょう。

また、直接コンバージョンを獲得する記事はとにもかくにも「読者のニーズありき」でしたが、純粋想起につながる記事は、すべてを「読者

のニーズありき」で作る必要はありません。仮に「読みたい」というリクエストがなかったとしても、「このメッセージを届けたい」という執筆者の熱い思いがあれば、「純粋想起につながる記事」になり得るからです。むしろ執筆者の「エゴ」「思想」が感じられるくらいのほうが、心を動かす可能性が高いと言えるでしょう。

1. 実務で繰り返し使える

　純粋想起につながる記事の例の1つ目は、実務で繰り返し使えるコンテンツです。「チェックリスト」のように業務フローへ組み込まれるものや、「○○大全」のように辞書的に使われる記事が該当します。たとえば私は、コンサルティング会社の株式会社才流が提供する「BtoBマーケティングの手法大全」を半期に一度読み返しています。このような**実用性の高いコンテンツは接触頻度が高く、記憶に残りやすい**でしょう。

　また、コンテンツに「お世話になっている感覚」が生まれるため、「返報性の法則」も働きやすいと言えます。「返報性の法則」とは、相手からなにか受け取ったときに「自分もなにか返さなきゃ」という気持ちがはたらく効果です。「あの会社が出しているコンテンツにいつもお世話になっているから、サービスの導入を検討するときは一番に声をかけよう」と想起してもらいやすいのです。

2. 長年の知見が詰まっている

　2つ目は、長年の知見を総動員してまとめたコンテンツです。残念ながらWeb記事の大半は、「知見を詰め込んだ」と謳いながらも、ちょっと調べてパッと書かれたコンテンツばかりです。だからこそ、**本当に十数年かけて培われたノウハウ、数年分の赤裸々な体験談、数年かけてお**

こなわれた綿密な調査結果などは、決して他社にはマネできない唯一無二の記事として目立ちます。たとえば、Web制作会社である株式会社ベイジの代表・枌谷力さんが執筆された「伝わる提案書の書き方（スライド付）〜ストーリー・コピー・デザインの法則」は、20年以上かけて培われた資料作りの知見が約4万字に詰め込まれていて、圧倒的な存在感を放っています。

　また、コンテンツから圧倒的な経験値を感じると、「この記事を書いた人はいったいどんな人なんだろうか？」と、執筆者に対して興味関心が生まれやすい傾向があります。「執筆者のSNSアカウントをフォローする」といった行動にもつながりやすいでしょう。

3．固定観念を覆している

　3つ目は、固定観念を覆すコンテンツです。「週3回メールを送っても配信解除率は上がらない」「LP（ランディングページ）は縦に長いよりもファーストビューで完結するほうがコンバージョン率が高い」といった**ハッとする提言は、一発で記憶に残る**のではないでしょうか。これらはマーケティングのデジタルトランスフォーメーション（DX）を支援する株式会社WACULが実際に公開している調査レポートです。

　固定観念を覆す提言は、とりあえずアンケート調査を実施してから見つけようとしても、見つかるものではありません。しかし長年その業界で活躍している社内のプロフェッショナルにヒアリングをすれば、「世間一般的にはこう言われているけど、実態はこうだ」という確固たるメッセージが見つかる可能性があります。その貴重な提言を、積極的にコンテンツ化していきましょう。

「いい記事」のチェックリスト

　次の質問にすべて答えられたら、「いい記事を作る準備が整っている」
と言えます。チェックリストとしてぜひ活用してみてください。

□記事を作る目的は明確ですか？
　　Ａ．直接コンバージョンを獲得すること
　　Ｂ．純粋想起につなげること

Ａ．直接コンバージョンを獲得する場合
□ 流入元は明確ですか？
　　・SEO（検索キーワード「_____」）
　　・メール

□ コンバージョンは明確ですか？
　　・お問い合わせ・購入
　　・お役立ち資料ダウンロードやセミナー予約

Ｂ．純粋想起につなげる場合
□ どのようなアプローチで記憶に残そうとしていますか？
　　・実務で繰り返し使える
　　・長年の知見が詰まっている
　　・固定観念を覆している

「いい記事」が
書ける人の条件

「マーケティングの知識」よりも大切なもの

　第1章のおわりに、「いい記事」が書ける人とはいったいどんな人なのかを明らかにします。

　世間一般的に、コンテンツマーケティングにおいて活躍するライターといえば、「マーケティングの知識を持っている人」や「SEO記事のライティングに長けた人」を思い浮かべるでしょう。たしかに、こうした知識や経験は間違いなく役立ちます。しかしそれ以上に、**「いい記事」を書くためには「熱量」と「業界理解」が必要である**と私は感じます。

1. 熱量がある

　「熱量」とは、記事を「書きたい」というエネルギーそのものであり、あればあるほど記事の作り込みに自然と磨きがかかります。量より質が求められる現在のコンテンツマーケティングにおいて、**質を高める原動力となる「熱量」は、もはや成果を出すために欠かせない**といっても過言ではありません。

　ここで一つ、実際にあったエピソードを話します。私はオウンドメディア「LIGブログ」の編集部として、全社員が書いた記事を年間約500本チェックしていた時期がありました。このとき、「めちゃめちゃいい

記事を書くときもあれば、そうでもない記事を書くときもある」社員がいることに気づきました。つまり同じライターでも、記事によってクオリティにバラツキがあるのです。「どういう条件下だといい記事があがってくるのか」を注意深く見ていったところ、その答えは「執筆者本人が書きたいテーマかどうか」にありました。

　たとえば、「デザインが魅力的な採用サイト5選」など自分の「推し」をまとめる記事であれば、感情豊かな推薦コメントとともに掘り出し物がバンバン紹介されます。また、「このノウハウは我こそが社内外に伝導せねばならない」という使命感から生まれた記事は、とても深くていねいに書き込まれていて、ホスピタリティが感じられます。どれも一次情報満載の、とてもいい記事なのです。

　一方、とくに書きたいわけでもなく苦し紛れに書かれた記事は、「Excelでおすすめのショートカットキー3選」のような、オリジナリティも深みもないコンテンツになりがちでした。こうした当たり障りのない記事は、当然ながらPVにもコンバージョンにもつながりません。本人の「書きたい」という熱量はクオリティにここまで影響するのかと、まざまざと感じた出来事でした。

　正直なところWeb記事は、熱量がなくとも世に出せてしまいます。慣れれば数時間で1本記事を書き上げることもできますし、公開後に修正することも、取り下げることも容易です。良くも悪くも「公開する」という行為のハードルが高くありません。また、読者も「無料」で受け取るため、「内容が薄い」といった理由でクレームになることもほとんどありません。こうしたWeb記事の特性が、一つひとつの記事に向き合う熱量を削いでいるように思います。しかしだからこそ、**熱量のあるWeb記事はひときわ目立つ**のです。

ちなみに、フリーのライターからすると「与えられたテーマに対して記事を書くだけの外部ライターが、熱量高く執筆するのは難しい」と思われるかもしれません。しかし後述する「業界理解がある」という条件さえクリアしていれば、熱量を持ってライティングに臨むことは十分可能だと思います。現に私も副業ではテーマが決まっている状態でライティングするケースがしばしばありますが、自分の本業であるマーケティング領域であれば、「ここを深掘りしたい！」という思いを持って執筆に臨めています。

2. 業界理解がある

　「いい記事」を書ける人の条件の2つ目は、「業界理解があること」です。「その業界の記事を何度か書いたことがある」程度ではなく、「**その業界に身を置いている、あるいは身を置いたことがある**」「**その業界に特化して記事を書いている**」というレベル感でなければ、なかなかいい記事は書けません。そもそも自分が関心のある業界でなければ「熱量」は生まれにくいですし、ライティングの品質も明らかに落ちます。とくに、普段暮らしのなかで触れることがないBtoBサービスの場合は顕著です。

　第一に、「**言葉の使い方**」がズレます。「SEOに対応する」「広告を発信する」という言葉を見たとき、違和感を覚える人はマーケティング業界の知識がある証拠です。SEOは「対策」するものですし、広告は「出稿」するものです。しかし業界経験がないと、このような「完全に間違っているわけではないが違和感のある表現」を使いがちです。

　また、「**深掘りするポイント**」もズレます。たとえば、「コンテンツマーケティングにおけるいい記事の書き方」がテーマなのに、「文法的に

正しい文章の書き方」ばかり深掘りしてしまうようなケースです。読者の興味関心と根っからズレているわけではありませんが、もしこの本の半分が日本語のノウハウだったとしたら、きっとみなさんは「求めていた情報と違ったな」という印象を受けることでしょう。

業界理解がない場合にどうするか？

「では、業界理解が浅いテーマの記事を書くことになったときはどうすればいいのでしょうか？」という質問をしばしば受けます。

　教科書的に答えると、「めちゃくちゃがんばってインプットするしかない」です。しかし私は正直なところ、「**自分がいままで身を置いたことのない業界におけるライティングは、引き受けないほうがいい**」と考えています。「たくさんインプットして読者になりきろう」とみんな簡単に言いますが、数時間調べた程度で本当になりきれるものでしょうか？その業界で長年働いていて豊富な知識と経験を持っている人と、たった数時間調べただけの人の間には、どう考えても埋まらない溝があります。自分より適任なライターを紹介するほうがみんなハッピーではないでしょうか。

　しかしもちろん、仕事となればそうも言っていられないことがあると思います。たとえば私も、弊社LIGが「おもしろブログの会社」から「DX支援」の会社に大きくリブランディングしたときは、未知の領域である「DX」について情報発信せざるを得なくなりました。

　こうした状況下で最初にやったことは、書籍を読むことです。Web記事だけだとどうしても体系的に理解しづらく情報の真偽も定かではな

いため、学習にはやはり書籍が適しています。10冊ほど同じ領域の本を読めば、ある程度全体感を理解できるでしょう。また、その業界に身を置く人と話すことも非常に有効です。私の場合は、社員や顧客への取材を通じて少しずつ理解を深めていきました。

どうしても未知の業界に飛び込む必要がある場合は、書籍とインタビューを活用し、どうにか業界理解を深めていきましょう。

ただのマーケターがライターになれた理由

私がライティングの仕事をするようになったのは、2019年に「先輩マーケターに取材しよう」と上司から指示を受けたことがきっかけでした。

オウンドメディア「LIGブログ」が成功したおかげで、良くも悪くも弊社には長らく「マーケティングチーム」が存在しませんでした。当時社内にはマーケターが私一人しかおらず、当の私自身もデジタルマーケティング歴はたった1年程度で、コンテンツ以外のマーケティングノウハウが明らかに不足していました。そんな頼りない状況を見かねた上司が、「取材を口実に、社外のプロからアドバイスをもらおう」と考案したのです。

こうして私は「LIGブログ」にて、「駆け出しマーケター（私）が先輩マーケターにアレコレ教えてもらう」という連載を始めました。記念すべき1本目の記事は、次のようにスタートします。

こんにちは。マーケターのまこりーぬです。このたびなんと、私が大学生の頃からずっとTwitterで追いかけていたマーケティング界の大先輩に、取材することに成功しました!!!

　私情もいいところですし、決していいリード文ではありませんが、等身大の自分で記事を書いていることが伝わる書き出しだと思います。このように、私が書いてきた記事のほとんどは一番の読者が「自分」です。その結果として、言葉や深掘りするポイントにズレがなく、熱量のある記事を生み出せているのだと思います。また、それが評価されて、ライティングの仕事が絶えないのではないかと感じています。

連載「マーケターの大先輩に取材しました!」

（https://liginc.co.jp/series/professional-marketer）

Summary

Summary

第1章 まとめ

▷ 「コンテンツマーケティング」とは、顧客が求める情報を提供し、関係性を築く手法です。企業が知ってほしい情報ではなく、「顧客が知りたい」情報を提供することがポイントです。

▷ コンテンツマーケティングにおいて、成果が見えず途中であきらめてしまう企業が多いのは、「流入元やコンバージョンが設計されていない」「コンテンツがつまらない」からです。

▷ マーケティングにおける「いい記事」とは、「直接コンバージョン」か「純粋想起」につながる記事です。読者のニーズに寄り添う、あるいは読者の記憶に残るコンテンツを作りましょう。

▷ 直接コンバージョンを獲得する記事を作るポイントは、「すでにニーズがある人に記事を届けること」「ニーズに合うコンバージョンを用意すること」の2点です。

▷ 純粋想起につなげるためには、「実務で繰り返し使える」「長年の知見が詰まっている」「固定観念を覆している」など、読者を圧倒するコンテンツを作る必要があります。

▷ コンテンツマーケティングにおいて「いい記事」が書ける人とは、マーケティングの知識を持った人ではなく、ずばり「熱量」と「業界理解」がある人です。

第 **2** 章

はじめに知っておきたい
基礎知識

Marketing Basics

「SEO」「SNS」「メール」の特性など、本章ではあらかじ
め知っておきたいコンテンツマーケティングの基礎知識をま
とめて紹介します。すでに知っている内容であれば、さらっ
と読み進めてください。

代表的な「流入元」の 特性を理解する

1つの記事でSEOとSNSの両方を狙えるか?

　ここでは、代表的な流入元である「SEO」「SNS」「メール」について解説します。いざ本題に入る前に、「流入元は記事を書き始める前に決めておく必要があること」「1つの記事でSEO流入とSNS流入の両方を狙うのは難しいこと」について触れておきます。

　記事を読んでもらうためには、「記事を公開して読者に届くのを待つ」のではなく、記事を届けるために適切なアクションをとる必要があります。 とくに「検索」を流入元にしたい場合は、狙うキーワードを"事前に"決めて、検索ユーザーのニーズを満たすように執筆することが欠かせません。なぜなら「SEOを意識せずに作った記事がうっかり検索上位にあがり、大量の流入が得られた」というケースはまれだからです。

　また、「検索ユーザーにウケるコンテンツ」と「SNSユーザーにウケるコンテンツ」は、重なる部分はあるものの一致はしません。検索上位にあがっている良質な記事であればSNSでもバズるかというと、そんなことはなく、逆も然りです。

　1つの記事でSEO・SNSの両方を狙うのは不可能ではありませんが、どちらにもウケようとすると、どっちつかずの中途半端なアウトプットになりがちです。どちらかに振り切ったほうが、結果として流入が伸び

る可能性が高いでしょう。

「検索ユーザーにウケるコンテンツ」と「SNSユーザーにウケるコンテンツ」

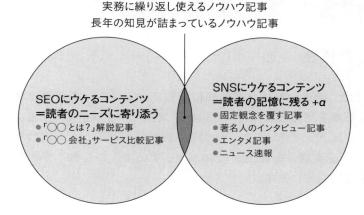

実務に繰り返し使えるノウハウ記事
長年の知見が詰まっているノウハウ記事

SEOにウケるコンテンツ
＝読者のニーズに寄り添う
●「○○とは?」解説記事
●「○○会社」サービス比較記事

SNSにウケるコンテンツ
＝読者の記憶に残る +α
●固定観念を覆す記事
●著名人のインタビュー記事
●エンタメ記事
●ニュース速報

基礎的な内容から網羅的に
理解できるものが好まれる傾向あり

キャッチーで短時間で楽しめるものが
好まれる傾向あり

　なお、SEOとSNSの両立は難しいものの、「メール」との両立ならいくらでも可能です。メールは、配信リストと配信ツールさえあればどんな記事でも届けられる万能な入口です。コンテンツマーケティングに取り組む企業であればマストで活用しましょう。

SEO

再現性が高く
数字のインパクトが大きい

SEOの特性

　SEOは、**特定の情報を能動的に探している「ニーズが明確なユーザー」に記事を届けられる**ため、直接コンバージョンを獲得する記事と相性がよい流入元です。LIGブログでも直接コンバージョンにつなげるためのSEO記事制作を積極的におこなっていて、毎月数十件のお問い合わせを獲得しています。

　また、SEOは、オウンドメディアの「PV」を伸ばすうえでインパクトが大きい流入元でもあります。たとえばBtoBサービスのオウンドメディアにおいて、SNS流入で1記事1万PVを獲得する記事はそう多くありません。業界の著名人を取材した記事でも、おそらく10本に1本あるかないかです。しかしSEO流入であれば、1記事1万PVを生み出すのはそう難しいことではありません。一定の検索ボリュームがあるキーワードで上位を獲得すれば、数か月で達成できるでしょう。

　もちろん、「検索上位の獲得」は簡単なことではありません。SEOは相対評価で順位が決まるため、プレイヤーが増えるにつれてどんどん難度が上がります。しかしこうした苦労を加味しても、**オウンドメディアのPVを右肩上がりで着実に伸ばせるのはやはりSEO**だと感じます。SNS流入はどうしても波がありますし、メールだけではインパクトが小さすぎるのです。

　ただし、検索で流入する読者はなにかしら明確な目的を持って記事に
たどり着きます。そのため、必要としていた情報が得られれば満足して
しまい、誰が発信した情報なのか気に留めることもなく離脱していきま
す。つまり **SEO記事一つで企業名・サービス名の認知を獲得するのは
ほぼ不可能**であり、「検索流入が増えればそのうち指名検索も増えるだ
ろう」と淡い期待を抱くのは危険です。「お役立ち資料ダウンロード」
「セミナー予約」など、一つひとつの記事でしっかりリード獲得へつな
げましょう。

　また、SEO流入が見込めるコンテンツとは当然「検索ニーズがある
情報」です。そのため、革新的なサービスのコンテンツマーケティング
をおこないたい場合、SEOを主戦場にすることはできません。SNSを
メインの流入元にするしかないでしょう。

検索上位を獲得するために

　SEOの歴史をさかのぼってみると、被リンクを大量に獲得している
ドメインが評価されたり、キーワードが大量に詰め込まれた記事が評価
されたりする時代がたしかにありました。しかしGoogleのアルゴリズ
ムは年々進化を遂げており、人工的な被リンクやキーワードの詰め込み
は現在ペナルティ対象となっています。このように、SEOはデジタル
マーケティングのなかでもとくに変化の激しい領域です。よって本書で
は、今後も変わらないであろうポイントと、2023年現在の大きなトレ
ンドに絞ってお伝えします。

　「検索上位を獲得するためのポイントはなんですか？」という質問に対
し、どの有識者からも必ず返ってくる答えは **「検索ユーザーにとって有**

益なコンテンツを提供すること」です。これは当面揺るぎないポイント と言えるでしょう。2023年現在、検索結果1ページ目に載っている情報 を網羅的に盛り込んだ長文を機械的に作成するだけでは、なかなか上位 を獲得できません。「この検索ユーザーは潜在的になにを求めているの か?」を深く考え抜き、文章や図解を通じて真摯に期待に応えることが 求められています。

　くわえて2023年現在、Googleは品質評価において「E-E-A-T」を重 視すると公言しています。EEATとはExperience（経験）、Expertise（専 門性）、Authoritativeness（権威性）、Trustworthiness（信頼性）の頭文 字をとったものです。とくに健康や医療に関わるキーワードにおいては、 アフィリエイターの個人ブログが軒並み順位を落とし、行政機関や長ら くその業界でビジネスをおこなっている法人のドメインが有利になって います。これはコンテンツマーケティングを実施する企業にとっては追 い風となる動きです。

　また、AIによって生成された大量のコンテンツで検索結果が荒れてし まわないよう、いままで以上に「オリジナリティ」が求められるように なりました。オリジナリティを出すためには、実際の体験談や、新たに 収集した調査データを盛り込むことが欠かせません。コンテンツマーケ ティングにおいては、**第一線で活躍している社員の知見を活かさない手 はない**でしょう。

リライトのコツ

　たとえSEOのプロが作った記事でも、一発で上位に食い込めること はそこまで多くありません。また、逆に上位が獲得できたとしても、競 合性の高いキーワードであれば、放っておくと数か月で順位が下がって

しまうことが多いでしょう。よって**順位を上げてコンバージョンにつなげるためには、粘り強くリライトし続けることが重要**です。

　リライトのコツは大きく2つあります。一つは、なんとなく改善点を洗い出すのではなく、**ヒートマップ（「Microsoft Clarity」など）を活用して、読者が離脱しているポイントを客観的に見つけ出す**ことです。離脱が多い箇所に対しては、理解を促す図解を付け足す、見出しを並べ変えるなどの工夫をおこないましょう。

　もう一つのコツは、**Google のアルゴリズムのトレンドを踏まえて記事をブラッシュアップする**ことです。直近はやはり「オリジナリティ」が鍵を握っているため、体験談やアンケート結果など、競合他社にはなく自社だからこそ出せる情報を積極的に盛り込んでいきましょう。また、弊社では「トピッククラスターモデル」を取り入れることで順位向上につながっています。これは、1キーワードにつき1記事を作るだけでなく、核となる記事と関連記事の間に内部リンクを張り巡らせた「記事群」を

トピッククラスターモデル

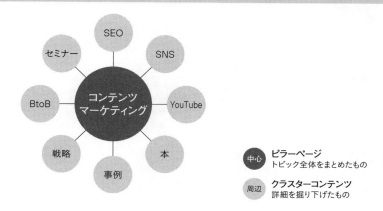

ピラーページ
トピック全体をまとめたもの

クラスターコンテンツ
詳細を掘り下げたもの

作ることで、検索エンジンからの評価を高める方法です。

　なお、リライトは作業量が読めず、外部ライターにはなかなか発注しにくい業務です。よって本気でSEOに取り組むなら、正社員あるいはアルバイトとしてリライト専任者を迎え入れることをおすすめします。その際、たまたま身の回りにいた編集者やライターに安易にリライトをお願いすると、拒絶反応を示されることがしばしばあります。「記事公開＝ゴール」という感覚が強い人にとって、終わりなきリライトは苦行に近いのです。よって**リライト専任者を採用するときは、「粘り強さ」「競争好き」など、SEO担当者特有の適性を見極める**ようにしましょう。

SNS

ファンが増え指名の 問い合わせにつながる

SNSの特性

　SNSのメリットは、**心を動かすコンテンツであれば、広告費をかけずとも一気にPVを伸ばせること**です。とくにWeb記事の場合は、テキストコミュニケーションで拡散性が高いX（旧Twitter）との相性がよく、バズれば1日で数十万PVを叩き出します。食品やコスメなど購入頻度が高いBtoC商品であれば、SNSでバズったタイミングで売上がグッと伸びることもあります。

　また、記事の執筆者がSNSアカウントを運用していれば、SNSで記事が広がったことをきっかけにフォロワーが伸び、次の記事を届けるチャンスも増える、といったポジティブなサイクルを回すことができます。私のSNSアカウントもこうして少しずつフォロワー数が伸び、ありがたいことにライターを始めた当初から10倍以上の影響力を持つことができました。

　くわえて、一度フォローしてもらえれば、記事公開の有無を問わず日常的にタイムライン上で接触できるようになります。こうした特性からも、SNSを中心に記事を届けることは、社員名やそれに紐づく企業名・サービス名の「認知」につながりやすいと言えるでしょう。現にコンテンツマーケティングに成功し指名でお問い合わせを獲得している中小企業のほとんどは、経営者自身がSNSで多くのフォロワーを抱えています。

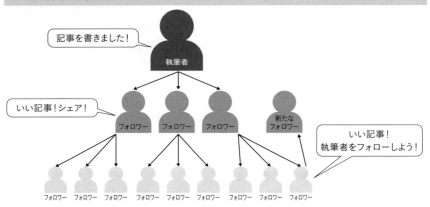

SNSのポジティブサイクル

記事を書きました!

執筆者

いい記事！シェア！

フォロワー　フォロワー　フォロワー　新たな
フォロワー

いい記事！
執筆者をフォローしよう！

フォロワー　フォロワー　フォロワー　フォロワー　フォロワー　フォロワー　フォロワー　フォロワー　フォロワー

　ただし、SNSは誰もがうまく活用できるわけではありません。2019年頃、本名と所属企業を明記した営利目的のX（旧Twitter）アカウント運用が流行り、「有益っぽいビジネスノウハウをつぶやく」「片っ端からいいねやリプライを送り合う」人たちが急増しました。しかしこの時期に生まれたアカウントの3〜4割近くは、1年後には一切見かけなくなったように感じます。普段SNSを使っていない人が無理に使おうとしてもなかなか続かないものだな、とまざまざと体感した出来事でした。

　くわえて、「フォロワーを集めよう」「拡散されよう」と思えば思うほど過激な投稿になってしまい、プチ炎上する光景が後を絶ちません。こうした炎上を見て、「SNSってやっぱりこわいな」と感じ、遠ざかっていく人たちが増えている印象すらあります。このように、SNSの運用は属人性が高く、苦手な人を無理やりあてがってもうまくいきません。**SNSでの流入を伸ばせるかどうかは「社内に得意な人がいるかどうか」次第**なのです。

また、SNSをきっかけに記事を読んでくれる人のほとんどは「能動的にサービスを検討している人」ではありません。そのためBtoBサービスの場合は、いくら記事が読まれたとしても、直後にお問い合わせにつながることはまれです。よってSNSは、中長期的に取り組む気概が求められます。

SNS流入を増やすために

SNS流入を増やすための本質的な方法は、身も蓋もありませんが、やはり「心が動くコンテンツを作ること」です。私の経験上、SNSでよくシェアされた記事は、やはり執筆中から「この人がこんな感想でシェアしてくれそうだな」と明確にイメージが湧いていました。後述する**テクニックをいくら駆使したとしても、心が動くコンテンツでなければ拡散しません。**

そのうえで、SNS流入を増やすための細かなテクニックをいくつか紹介します。

1つ目は、**多くのフォロワーを抱えているインフルエンサーを取材相手あるいは寄稿者として巻き込み、その人に拡散協力してもらうこと**です。自社のSNSアカウントが無人島状態であれば、人が集まっている島にお邪魔するしかありません。

2つ目は、**SNSのアルゴリズムに則って表示回数が増えるように振る舞う**ことです。たとえば近年のX（旧Twitter）は、アプリ外にユーザーを誘導することを抑制するため、URL付きの投稿は「おすすめタブ」に表示されにくい傾向があります。そのため多くのメディア運営者は「記事を要約した画像」「記事の見どころをキャプチャした画像」をツリー

の1つ目に投稿し、2つ目にURLを記載する、といった工夫をおこなっています。こうしたアルゴリズムは年々変化するため、定期的にトレンドをおさえるようにしましょう。

3つ目は、ターゲットがSNSをチェックしている時間を狙って投稿・拡散することです。ビジネス系の記事であれば、やはり平日朝8〜9時あたりの「情報収集タイム」に合わせて記事を公開したほうが、タイムライン上で見つけてもらいやすいように感じます。飲み会やレジャーと被る平日夜や土日の投稿は、そもそも見つけてもらいにくいのです。

最後に4つ目として、**読者が引用しやすいよう地味に工夫する**ことも有効です。たとえば、「記事の要約を100文字程度にまとめておく」と、そのままコピペされてシェアされる傾向があります。

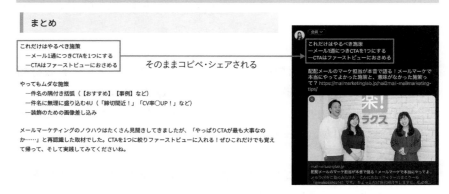

記事の要約を100文字程度にまとめておく例

配配メールのマーケ担当が本音で語る！メールマーケで本当にやってよかった施策と、意味がなかった施策って？
https://mailmarketinglab.jp/hai2mail-mailmarketing-tips/

また、「**金言は太字や見出しにして目立たせておく**」と引用を誘発し

やすくなります。私は金言をより際立たせるために、意図してキャッチーな言葉に変換することもあります。コピーライティングというほど大げさなものではありませんが、伝えたいことを「とにかく短く言い切る」「既視感のあるフレーズで言う」「意外な言葉と組み合わせて言う」とワーディングが研ぎ澄まされるので、ぜひ試してみてください。

金言は太字や見出しにして目立たせておく例

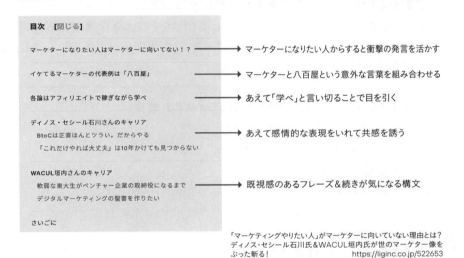

「マーケティングやりたい人」がマーケターに向いていない理由とは？
ディノス・セシール石川氏＆WACUL垣内氏が世のマーケター像を
ぶった斬る！
https://liginc.co.jp/522653

「おもしろ記事」はきわめて難しい

　弊社 LIG は、「会社なのに、なんか変なことをやっている」というギャップを活かした「おもしろブログ」で認知を広げた会社です。2012年、当時の社長を砂浜に埋めた「伝説の Web デザイナー」というコンテンツを皮切りに、「経費でハワイに行ってみる」「秒速で結婚する」「水中で麻雀をやってみる」など、過去さまざまな記事を公開してきました。

そのためしばしば「おもしろ記事を作るにはどうしたらいいですか?」という質問を受けます。正直なところ、おもしろ記事の制作はきわめて属人的であり、大変恐縮ながら弊社にも再現性の高いノウハウはありません。おもしろ記事を書けるのは、ごくわずかなライターだけなのです。

　これは、「漫才のセオリーを知っている人がみな、舞台で人を笑わせられるとは限らない」事象に近いと感じます。いままでにバズった記事をもとに「こういう要素を含んだ記事はバズる傾向がある」と分析することはできるのですが、いざ書けるかどうかに大きな壁があるのです。オチの設定、オチへの布石のうち方、文章のテンポ。これらはごく一部のライターにしか体現できません。

LIGブログでバズった記事をカテゴライズした結果
- 人間の三大欲求へ訴えかける
- TV番組のベタな企画をトレースする
- 常識を検証する
- 常識を覆す
- とことんやり切る

　残念ながら、見様見真似でおもしろブログ風に仕上げた記事は豪快に滑り倒します。そんな失敗例を社内でたくさん見てきたからこそ、「おもしろ記事はきわめて難しい」と、私は心から思うのです。もし貴社に腕のあるライターがいないのであれば、まっとうにいい記事を作り、広げていくことを心から推奨します。

メール

ほぼ無料でずっと接点を持ち続けられる

メールの特性

　メールの最大のメリットは、**一度取得したメールアドレスに対してほぼ無料で無限にコンテンツを届け続けられること**です。SEOやSNSに比べると属人性も低く、配信リストと配信ツールさえあれば誰でもコンテンツを届けられる、非常に優秀なチャネルです。購入頻度の高いBtoC商品であれば、1通のメールで売上がグッと伸びることもあります。

　また、BtoBサービスや高額なBtoC商品においても、メールを定期的に配信し接点を持ち続けておくことが欠かせません。これらのサービスは数年に一度しかニーズが生まれず、くわえてそのタイミングを事前に予測することが難しいと言えます。継続的な接点さえあれば、いざニーズが生まれたときに「思い出してもらえる」確率を上げることができるでしょう。

　「定期的にメールを送りましょう」と提案すると、「たくさん送るとウザがられて配信解除されるのでは？」と心配する人が多くいます。しかしWACUL社の調査では、**「配信解除率を高めることなく、かつ開封率やクリック率を下げることもない最適なメール配信頻度は週に2〜3回」**という結果が出ています。コンテンツマーケティングに成功しているBtoBサービスのなかには、週5回メールを配信して成果を出している企業もあります。よって「送りすぎ？」と臆する必要はまったくありません。

ただし、開封率は10〜15％、クリック率は1〜2％が相場であり、そもそも配信先が少なければ得られるインパクトは大きくありません。営業が獲得した名刺をメール配信リストに反映するなど、配信リストを増やす取り組みが必要です。このとき、手当たり次第に配信リストに追加して、いきなりメール配信を始めると、相手に不快感を与えてしまいます。名刺交換者には初手で「これから役立つコンテンツを定期的にご紹介します。案内が不要であればすぐに配信解除いただけます」と、配信解除リンクを添えて送るといいでしょう。

メール流入を増やすために

　メールには「差出人は社名ではなく人名がいい」「配信時間は8時か12時がいい」といった細かなノウハウがたくさんあります。しかし流入を増やすうえで最もインパクトがあるのは、なにより**「配信頻度を上げる」**ことです。月に1回長文をしたためて配信するより、その長文を分割して週に3回メールを配信するほうが確実にクリック数を増やせます。

　また、もう一つおさえたいポイントは**「開封後、スクロールせずに見える範囲（ファーストビュー）にCTAを置く」**ことです。ラクス社が提供するメールマーケティングツール「配配メール」の調査によると、「ファーストビューにCTAがあるほうが、クリック率が0.8％高い」という結果が出ています。くわえて、1通のメールについ情報を盛り込みがちですが、**「2つ目以降のCTAはクリック率がどんどん下がる」**こともわかっています。

成果につながるメールのテンプレート

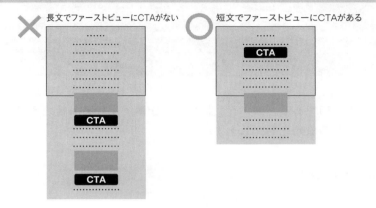

　　よって**メールでクリック数を伸ばしたいのであれば、1通につき1コン
テンツのシンプルなメールを、頻度高く配信する運用へ**すぐに切り替え
ましょう。メールの平均閲覧時間は約7秒と言われており、長文はまっ
たく読まれません。メールの本文は一球入魂で作るべきではないのです。

代表的な「コンバージョン」の種類を理解する

　記事の入口である「流入元」に続き、記事の出口とも言える「コンバージョン」の種類を紹介します。

代表的な「コンバージョン」一覧	
サービスに 興味あり	• お問い合わせ・購入 • サービス資料請求
サービスに 興味なし	• 無料相談・無料診断 • セミナー予約 • お役立ち資料ダウンロード • メルマガ購読

　一度書き上げた記事の「流入元」を「SEO→SNS」あるいは「SNS→SEO」に変更しようとすると、結構な工数がかかります。一方で、「コンバージョン」の変更ならそこまで手間はかかりません。**もし思うように成果につながっていない記事があれば、ぜひ一度CTAを見直してみてください。**なお、成果が出るCTAの置き方については第6章でも解説しています。

お問い合わせ・購入

「お問い合わせ・購入」は、多くの企業が最も増やしたいと考えるであろう、売上に直結するコンバージョンです。すでにサービスを探している見込み客には、目次の上、冒頭、リード文などでCTAを差し出しましょう。しかし先に述べたとおり、サービスに興味がない見込み客にいきなり「お問い合わせ・購入」を提案しても成果にはつながらないため注意が必要です。

　顧客単価が比較的低いBtoBサービスにおいては、営業活動の効率化のためにあえて「お問い合わせ」は設けず、「サービス資料請求」のみ窓口を設けているケースもあります。自社の営業体制にマッチするコンバージョンを選ぶ、という観点も頭に置いておく必要があります。

サービス資料請求

「サービス資料請求」は、「サービスに興味はあるけど営業担当を呼ぶほどではなく、まずは概要と料金が知りたい」という見込み客にマッチするコンバージョンです。よって**「お問い合わせ」のそばにセットで置いておく**のがおすすめです。

　サービス資料請求は、その後のフォローによって商談につなげられるかが大きく変わります。資料請求者のなかには「ざっと資料を見たけど自社にマッチするか判断できなかった」「資料を請求したけど忙しくてまだ中身が確認できていない」という状況の人たちが多数含まれるため、「営業担当から改めて説明しましょうか？」という提案は比較的刺さりやすい傾向があります。よって架電もセットでおこないましょう。

また、「資料請求完了後のサンクスメールには、アポイントの日程調整フォームを載せる」「サービス資料の最後のページには、お問い合わせ先を明記する」など、確実にフォローしましょう。

無料相談・無料診断

　あまりメジャーではありませんが、「無料相談・無料診断」という選択肢も存在します。これは「サービスにはまだ興味がないけど、目の前の課題をなんとかしたい」という見込み客にマッチするコンバージョンです。

　営業担当と直接話す機会をセッティングできる有力なコンバージョンに見えるかもしれませんが、サービスに興味がない見込み客は、想像以上に商談には引き上がりません。「営業機会がないよりマシだ」と営業側が対応に意欲的なら問題ないのですが、マーケティング側から半ば無理やり営業に対応をお願いしようものなら、「ムダなコストが膨らむだけ」と嫌がられてしまいます。**「無料相談・無料診断」を取り入れるなら、営業と強力な協力体制を敷くことが欠かせない**でしょう。

セミナー予約

　「セミナー予約」は、サービスではなく「ノウハウ」を知りたい見込み客に最も提案したいコンバージョンです。なぜなら、セミナーに参加してもらえれば、**サービス紹介プレゼンを聞いてもらえるチャンスが得られる**からです。それにセミナーの中身が充実していれば、信頼獲得にもつながります。

　ただし、つねにセミナーを開催している企業でないと、記事からセミナーに誘導する導線は機会損失を招きがちです。「予約受付中のセミナー一覧に飛んだのに、直近開催のセミナーがない」というふうに、読者が行き場を失ってしまいます。よってセミナーを定期開催していない企業は、「お役立ち資料ダウンロード」や「メルマガ購読」に誘導せざるを得ないでしょう。

お役立ち資料ダウンロード

　「お役立ち資料（ホワイトペーパー）ダウンロード」は、**ノウハウを知りたい読者にとって最もハードルが低いネクストアクション**であり、リード獲得数を最大化したい場合におすすめです。記事の内容とリンクする、読者の期待に応える資料を用意しましょう。いざ記事の内容にリンクさせようとすると、資料のバリエーションは複数必要です。なかには100種類以上のお役立ち資料を揃えている企業もあります。資料作成は骨の折れる作業ですが、リード獲得数を増やしたいのなら、記事同様に粛々と作りましょう。

　「お役立ち資料」というと、昔は「○○マニュアル」「○○大全」といったe-bookがメジャーでしたが、最近はExcelやWordのフォーマットなど、より実用的な資料が増えてきている印象です。繰り返し使えるものであれば、純粋想起の獲得も期待できます。

　なお、「サービス資料請求」とよく混同されがちですが、「お役立ち資料ダウンロード」の場合、ダウンロード直後に電話してもほとんどアポイントにはつながりません。メールでコンテンツを届け続けて、ニーズが発生するのをじっくり待ちましょう。

ちなみにコンテンツマーケティングの現場ではしばしば、「お役立ち資料はフォーム入力不要で、いつでも誰でも閲覧できるようにしたほうがいいのではないか」という議論が勃発します。たしかにそのほうが閲覧数は伸びますし、「この企業は太っ腹だ」というポジティブな印象を与えるでしょう。しかしながら、SNSで数万人のフォロワーを抱えている企業でない限り、フォーム入力不要スタイルはおすすめできません。

　「フォームに入力してもらいメールアドレスを頂戴すること」は、「メールを定期的に配信し接点を持ち続けるチャンスを得ること」と同義です。このチャンスを逃してしまうのは、非常にもったいないことではないでしょうか。とくに危険なのは、「イケてる会社はフォーム入力不要だから我々もマネをする」という判断です。お役立ち資料の公開は、強い集客ルートを持つ強者の戦略です。自社はどう振る舞うべきか、いま一度考えることをおすすめします。

メルマガ購読

　ノウハウを知りたい見込み客に対しては、「メルマガ購読」の提案も有効です。ただし、どこの馬の骨かわからない企業のメルマガをいきなり「購読しよう」とはなかなか思わないものです。すでに一定の認知度や信頼がある企業でない限り、購読数を集めることは難しいでしょう。よってメインに置くのではなく、他のコンバージョンとセットで置いておく程度がおすすめです。

純粋想起につなげたい記事のCTAはどうする?

　直接コンバージョン獲得目的ではなく、純粋想起につなげたい記事の場合、記事下には「お問い合わせ」など主要なコンバージョンに誘導す

るボタンをそっと置いておくとよいでしょう。たとえコンバージョン率が0.01％しかないとしても、1万人に読まれれば、1件コンバージョンが発生します。

　また、純粋想起目的の記事は「執筆者への興味関心」につながることが多いため、**執筆者情報としてSNSアカウントを明記しておく**のがおすすめです。フォロワー獲得につながる可能性が高いでしょう。

代表的な「記事」の種類を理解する

代表的な記事の種類は6つ

　本章の最後に、「記事の種類」も紹介します。「すべてノウハウ記事」と捉えることもできなくはありませんが、便宜上、本書では次のとおり分類しています。

記事の種類・内容・おもな流入元

記事の種類	内容	おもな流入元		
		SEO	SNS	メール
ノウハウ記事	読者に役立つノウハウを紹介するもの	○	○	○
まとめ記事	おすすめのサービス/コンテンツをまとめて紹介するもの	◎	○	○
インタビュー記事	業界の著名人や社員を取材したもの	×	◎	○
事例記事	インタビュー記事のなかでも特に、顧客に取材したもの	×	×	◎
イベントレポート	イベントのレポート	×	○	○
調査レポート	独自におこなった調査のレポート	○	○	○

　それぞれのライティングのポイントは第7章にて詳細に解説しますので、あわせてご覧ください。ここでは概要を紹介します。

1.ノウハウ記事

　「ノウハウ記事」は、**オウンドメディアにおいて最も頻出するパターン**です。「用語解説」「ツールの操作手順」「課題に対する対処法」「実際に

やってみた」「成果を出すためのポイント」など企画のバリエーション
が無限に存在しますし、基本的には1人でライティングが完結するため、
作成ハードルが低いのです。

　しかし作りやすいからこそ、「ノウハウ記事」は最も「無難」に仕上
がってしまうことが多いように感じます。リード獲得につなげるのか、
純粋想起につなげるのか、目的を明確にして、一球入魂で執筆しましょ
う。

2.まとめ記事

「まとめ記事」とは、「おすすめのWeb制作会社8選」「デザイナーが注
目する採用サイト」のように、一つのテーマに沿って複数のサービスや
コンテンツをまとめて紹介するものを指します。

　**SEO経由で直接「お問い合わせ・購入」を獲得しようとすると、ほ
ぼ間違いなく「まとめ記事」の作成にたどり着きます**。なぜなら、検索
ユーザーは「さまざまなサービスを比較検討したい」という思いで検索
しており、その期待に応えられるのは「まとめ記事」だけだからです。

　なお、本筋から逸れますが、マーケティング施策としては「すでに上
位を獲得しているまとめ記事の運営者に、自社サービスを掲載してもら
うように依頼する」という手も有効です。相手が比較ポータルサイトで
あれば、広告費を支払うことで掲載できる可能性が高いでしょう。

3.インタビュー記事

「インタビュー記事」は、「業界の著名人を取材することでSNSからの
流入を増やしたい」「経営者の認知度を高めたい」といったタイミング

で企画されます。著名人インタビューの場合どうしても取材相手がメインになりがちですが、**コンテンツマーケティングが目的であれば極力「対談形式」にして、自社の存在感をアピールする必要がある**でしょう。

また、取材当日の撮れ高によって記事の中身が決まるため、読者のニーズありきで記事を作る必要がある「SEO」とは相性がよくありません。取材相手の名前で検索したときにかろうじて引っかかる程度です。よって必然的に流入元はSNSかメールになるでしょう。

4.事例記事

「事例記事」は、**すでにサービスに興味を持ってくれている人を商談・購入へ後押しするうえで非常に有効なコンテンツ**です。メールで配信するだけで商談につながることもあり、企業によっては「事例記事を作る専門チーム」が組織されています。

「事例記事」というと、自社の担当者とともにお客様先へ訪問して取材・撮影をおこない、両社の顔が見える形で記事化するのが一般的です。しかし、実績を公開する方法は他にもあります。「ロゴをサービスサイトに並べる」「匿名でプロジェクト概要を記載する」だけでも信頼を得られる可能性はあるため、取材・撮影をおこなう必要があるかどうかは、いま一度立ち止まって考えてみてもよいでしょう。

ただし、取材を伴う「事例記事」の作成には副次的な効果もあります。いままで数十社の事例取材をおこなってきましたが、お客様からいざ対面でポジティブなコメントをもらうと、自社の担当者のモチベーションが爆上がりするのです。コンテンツとしての価値だけでなく、プロセスにも価値があると言えるでしょう。

5. イベントレポート

　コンテンツマーケティングを実践している企業においては、**イベント
で話したコンテンツを記事へ転用する**ことがしばしばあります。「省エ
ネで記事を作成できる」という利点がある一方、あくまでイベント用の
コンテンツのため、しっかり再編集しないと記事としての魅力が出しづ
らいという難点があります。「直接コンバージョンにつながる」「純粋想
起につながる」といった成果にはつながりにくい傾向がありますが、メ
ールの配信コンテンツとしてはおおいに役立つでしょう。

6. 調査レポート

「調査レポート」とは、アンケートなど独自の調査を通じて得られた定
量的なデータを用いて、業界や消費者の動向をまとめたコンテンツを指
します。調査費がかかることりますが、ここ数年は、よりオリジナリテ
ィあるコンテンツを発信するために、中小ベンチャー企業も調査レポー
トを出し始めています。

「調査レポート」は、**「調査の手間をかけてでも、私たちは業界に役立
つ情報を発信します」というスタンスを示す**うえで最適なコンテンツで
す。自社ではなく「業界全体」「消費者全体」を主語に語ることになる
ため、権威性も感じやすいでしょう。

　また、調査レポート内のデータは他のメディアから「引用されやすい」
という利点があります。被リンクが集まればサイトのドメインパワーが
上がり、検索上位を獲得しやすくなります。検索に強いオウンドメディ
アになるためにも、調査レポートは有効と言えるでしょう。

Summary

第2章 まとめ

▷ 代表的な記事の流入元は「SEO」「SNS」「メール」の3つです。記事の目的にあわせて、どの流入元を狙うのかをあらかじめ決めましょう。

▷ 「SEO」は、ニーズが明確なユーザーに記事を届けるうえで最適な手段です。2023年現在、検索上位を狙うためには「E-E-A-T」の重視とオリジナリティの追求が欠かせません。

▷ 「SNS」の利点は、心を動かすコンテンツであれば広告費をかけずとも一気にPVを伸ばせること、企業名・サービス名の認知につながりやすいことです。しかし属人性が高いところが難点です。

▷ 「メール」は、一度取得したメールアドレスに対してほぼ無料で無限にコンテンツを届け続けられる万能な流入元です。1通につき1コンテンツのシンプルなメールを、頻度高く配信しましょう。

▷ 代表的な記事のコンバージョンとして、「お問い合わせ・購入」「サービス資料請求」「無料相談・無料診断」「セミナー予約」「お役立ち資料ダウンロード」「メルマガ購読」が挙げられます。

▷ コンテンツマーケティング目的で作成する記事の種類には「ノウハウ記事」「まとめ記事」「インタビュー記事」「事例記事」「イベントレポート」「調査レポート」などがあります。

企画を立てて
素材を集める

Planning and Interviews

いよいよ、ライティングの手順に沿って「いい記事を書く方法」を解説します。この章では、「企画を立てる」「構成案を作る」「素材を集める」という3つの工程についてまとめました。「取材」のコツもあわせて紹介します。企画から立てることがないライターも、依頼主の意図を汲み取るうえでぜひ参考にしてください。

「企画」のスタートは
目的を決めること

「なんのためにこの記事を作るのか?」を定める

　一般的に「企画を立てる」というと、世間のトレンドにアンテナを立てて、ブレストして、おもしろいアイデアを見つけて……といったイメージがあるかと思います。しかしコンテンツマーケティングにおいては、どんなにトレンドをおさえた魅力的なテーマでも、それが自社のコンバージョンや純粋想起の獲得につながらなければ意味がありません。

　よって記事の企画は、「なんのためにこの記事を作るのか」という目的を定めて、流入元とコンバージョンを設計することからスタートする必要があります。ここからは、オウンドメディアにおいて「どの目的の記事から作り始めるとよいか」を解説します。

優先順位は「直接コンバージョン」→「純粋想起」

　コンテンツマーケティングに成功している企業を見ると、**「直接コンバージョンを獲得するSEO記事を作り、確実に数字を伸ばしている企業」**と、**「純粋想起につながる記事を作り、SNSが得意な経営者を起点に拡散して、指名でのお問い合わせ・購入を獲得している企業」**の大きく2つに分かれます。

　企業としては当然指名でお問い合わせ・購入いただくほうが嬉しいわけですが、後者はSNSの得手不得手を問われるため、どの企業でも再現性が高く成果を出せるのは前者のパターンです。

　よって**基本的には、「直接コンバージョンを獲得する記事」から作っていくことをおすすめ**します。これらが充実した後に「純粋想起につながる記事」に取り組みましょう。ただし、「SNSが得意なメンバーがいる」「オウンドメディアは中長期的に取り組むと経営者が腹を括っている（すなわち、短期的な成果で良し悪しを判断しない）」という2つの条件をクリアしていれば、「純粋想起につながる記事」から取り組むのもアリです。

　なお、「SEO記事で確実にコンバージョンを増やすこと」が成果を出すためのセオリーではありますが、とくにBtoBの場合、サービスに直結するキーワードの種類や検索ボリュームが限られているせいで、2〜3年で成果が頭打ちになります。そのため「オウンドメディアのポテンシャルを最大限に活かそう」と考える企業であれば、必然的にSNS流入を意図した記事を作っていくフェーズに突入します。本気でコンテンツマーケティングに取り組むならば、あらかじめSNSに得意な社員を発掘しておく、業界で人脈を築きインフルエンサーとコラボレーションしやすい土壌を作っておく、といった準備を進めておくのが理想でしょう。

直接コンバージョン目的であれば「ニーズ顕在層向け」から

　いざ「直接コンバージョンを獲得する記事（30ページ参照）」を作っていく場合は、**サービスに対する興味関心度が高い見込み客に届ける記事**から順に作っていきましょう。

弊社LIGが運営する、Webデザインスクール「デジタルハリウッド STUDIO by LIG（通称デジLIG）」の例を見てもらうとイメージが湧きやすいかと思います。

デジLIGのマーケティングファネル

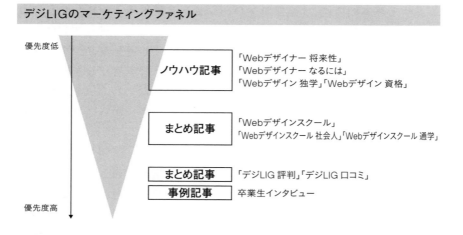

優先度低	
ノウハウ記事	「Webデザイナー 将来性」「Webデザイナー なるには」「Webデザイン 独学」「Webデザイン 資格」
まとめ記事	「Webデザインスクール」「Webデザインスクール 社会人」「Webデザインスクール 通学」
まとめ記事	「デジLIG 評判」「デジLIG 口コミ」
事例記事	卒業生インタビュー
優先度高	

　上図の下から順に作っていきましょう。なおコンバージョン率は下にいけばいくほど高くなりますが、サービス名を含むキーワードはそもそも検索ボリュームがかなり少ないため、説明会予約の「数」はそこまで多くありません。説明会予約数を最大化できるのは、「Webデザインスクール」など、ニーズが顕在化している一般ワードです。

　また「Webデザインスクール」より上のノウハウ記事になると、検索1位をとったとしても、直接「お問い合わせ（説明会予約）」につながるのは月に1件あるかないかです。そのためCTAには「サービス資料請求」も必ずセットで置くようにしています。

純粋想起目的であれば「書きたい記事」から

「純粋想起につながる記事（34ページ参照）」、つまり「実務で繰り返し使える記事」「長年の知見が詰まっている記事」「固定観念を覆している記事」のいずれかを作る場合、最もとっつきやすいのは「実務で繰り返し使える記事」です。しかしながら純粋想起目的の記事は「より深く記憶に残ること」を目指すべきであり、「とっつきやすさ」を基準に記事を作っていくことはあまりおすすめできません。

　ということで、純粋想起目的の記事はシンプルに**「書きたい」気持ちが強いテーマから優先して作りましょう**。第1章でお伝えしたとおり、熱量こそがコンテンツに磨きをかけてくれます。もし書きたいテーマがすぐに思い浮かばない場合は、次の問いに答えてみてください。日々の仕事に一生懸命向き合っている人であれば、「伝えたいこと」がきっと見つかるはずです。

「書きたい」記事テーマを見つけるための問い

・お客様からよく聞かれることはなんですか？
・お客様からよく褒められることはなんですか？
・仕事において最近「解決してスッキリした課題」はなんですか？
・仕事において最近「新たに学んだこと」はなんですか？
・仕事において「譲れないこと」はなんですか？
・最近シェアしたコンテンツはなんですか？　その推しポイントは？

構成案を作り、
準備をととのえよう

　目的とテーマ（SEO記事の場合は狙う検索キーワード）が決まったら、本文の見出しをまとめた構成案を作りましょう。最終的な記事の構成は素材の集まり具合によって変わることも多いため、「必要な素材を集めるためのリスト」として構成案作りに臨むのがおすすめです。**「ここは気になる！」「もっと深掘りしたい！」という気持ちを発揮しながら洗い出していきましょう。**

構成案の例1

> 目的　　：純粋想起（Web制作といえばLIG）
> 流入元：SNS・メルマガ
>
> テーマ：生成AIによってWeb制作はどう変わるのか/有識者インタビュー
> 見出し案：
> 　　　　・生成AIによってWebサイトはどう変わるのか
> 　　　　　　UI面
> 　　　　　　集客面（SEOなど）
> 　　　　・デザイナーの役割はこれからどのように変わるか
> 　　　　・エンジニアの役割はこれからどのように変わるか
> 　　　　・Web制作会社はこれからどのように変わるべきか
> 　　　　・将来を見据えて、いまやるべきこと

　ただし外部ライターに執筆を依頼する場合は、「思っていたのと全然

違う」原稿があがってくることを防ぐために、構成案をしっかり作って
おくほうが安心です。「うちのオウンドメディアの記事を読んでもらえ
れば、雰囲気はつかめるでしょう」というスタンスでいると、たいてい
失敗します。とくにCTA周りは雑に書かれることが多いため、どうい
う流れでコンバージョンに誘導したいのか、明確に指示を出すことをお
すすめします。

構成案の例2（外部ライター依頼用）

目的　　　　　：直接コンバージョン獲得
流入元　　　　：SEO「グラフィックデザイン 独学」
コンバージョン：弊社運営スクール「デジLIG」説明会予約

読者の顕在ニーズ：
グラフィックデザインを独学で学ぶ際の方法を知りたい
読者の潜在ニーズ：
自分がグラフィックデザイナーを目指せるのか知りたい

テーマ：グラフィックデザインの独学方法を解説

見出し案：
h2　グラフィックデザインとは

h2　独学でグラフィックデザイナーになれるのか

h2　習得すべきスキル
　　　h3　Photoshop
　　　h3　Illustrator

---

h3　その他

h3　推奨PCスペック

h2　独学の方法

h3　本で学ぶ

h3　動画で学ぶ

h3　日常的にデザインをインプットする

h3　未経験で制作会社に入る

h2　グラフィックデザイナーになる

h3　就職・転職

h3　フリーランス

h2　CTA

独学のメリット・デメリットにさらっと触れながら、「スクールに通うほうが向いているかも、と思ったらデジLIGへ！」という導線にしてください

類似記事
・「Webデザイン 独学」（https://liginc.co.jp/545885）

備考
・です・ます調でお願いします
・LIGブログの表記ルールは別紙をご覧ください

　なお、SEO記事の場合は、すでに検索上位にあがっている記事が構成案を作るうえで参考になります。そのままマネするのではなく、「こ

**の見出しが盛り込まれているということは、検索ユーザーはなにを求め
ているのか？**」と深掘りしながら構成を練っていきましょう。次の問い
一覧もぜひ活用してください。

検索意図を深掘りするための問い

Q.このキーワードを検索しているユーザーはどういう状態？

- いつ　　　　　：
- どこで　　　　：
- 誰が　　　　　：
- どんな状況で：
- どうしたい　　：

Q.ユーザーの顕在化しているニーズは？（書かれている事柄から
　洗い出す）

Q.ユーザーが潜在的に持っているニーズは？（書かれていない事
　柄から読み取る）

Q.記事を読んだあと、ユーザーにどんな変化があると理想？

---

1. 経験を棚卸しする

素材集めはとにかく「一次情報」が命

　構成案ができたら、次は素材集めです。素材集めのキモは、とにもかくにも**「一次情報を集めること」**。私の言う「一次情報」とは、日々の業務や独自の調査を通じて得られた「オリジナルな情報」のことです。インターネット上に落ちている情報を拾ってまとめるだけの記事、いわゆる「こたつ記事」では、コンテンツマーケティングにおいて成果は出ません。

　第一に、こたつ記事で検索上位を獲得することはきわめて難しくなっています。正直なところ昔は、一次情報がなくとも検索上位を獲得できていました。しかしGoogleの品質評価において「オリジナリティ」が重視されている現在、こたつ記事は淘汰されていくばかりです。「1か月でSEO記事を50本納品します」と謳うこたつ記事量産会社に、いまやお金を払う価値はありません。

　くわえて、一次情報あふれる良質なコンテンツを発信する企業が増えているなか、二次情報ばかり公開している会社を「業界のプロだ」と信頼し、仕事を依頼する人もまずいないでしょう。他社のコンテンツを要約して、図解して、SNSでバズらせることにどんなに長けていたとしても、「信頼性」においては一次情報を出している本家本元に到底勝てないのです。

　こうした背景から、一次情報は工数をかけてでも集めるべきものです。AIによってライティング業務はどんどん効率化されていますが、「素材集め」だけは楽をする道がありません。しかし幸いにも、**コンテンツマーケティング目的で記事を作る場合、必ず社内に一次情報が存在します**。自社のノウハウやエピソードをどんどん発掘していきましょう。

　ここからは、一次情報を集める方法を3つ紹介します。

　1．経験を棚卸しする
　2．アンケートで声を集める
　3．取材で有識者の声を集める

悪い棚卸し、よい棚卸し

　自分のなかに一次情報がある場合は、次の項目を参考に経験を棚卸ししましょう。社員や社外の有識者に取材して記事を作る場合においても、ぜひこのポイントをおさえて質問してみてください。

前提：なぜそれを経験することになったのか、背景を整理します。「動機」「きっかけ」はもちろんのこと、当時の自分あるいは社内の「状態」も詳細にまとめましょう。

実践内容：どんなことを実践したのか、できるだけ具体的に、詳細に洗い出します。このとき、実際に使ったツールやドキュメントがあれば画面キャプチャを残しておきましょう。

結果：どういう結果が得られたのか、定量・定性で確認しましょう。結果はできるだけ「定量」で表現することがポイントです。

学び：経験を通じて得た学びを振り返ります。これから自分と同じ経験をするであろう人に、アドバイスをするつもりでまとめましょう。

　ここで一つ、悪い棚卸しといい棚卸しについて架空の例を紹介します。テーマは「LP（ランディングページ）の改善」です。

 悪い棚卸し

前提：弊社が運営するWebデザインスクールのコンバージョン率改善のために、LPのファーストビューにおける訴求内容を見直しました。

実施内容：ユーザーインタビューを5人におこなったところ「他のスクールとの違いがわからない」という声が挙がったため、AからBというキャッチコピーに変更しました。

結果：するとコンバージョン率が1.2倍改善しました。

学び：改めてユーザーインタビューの大切さを感じました。

○ いい棚卸し

前提：弊社が運営するWebデザインスクールのコンバージョン率改善のために、LPのファーストビューにおける訴求内容を見直しました。もともとLP改善は取り組んでいて、コンバージョン率は約1.0％とそこまで悪い状態ではありませんでした。しかしこれからやってくる繁忙期の前に少しでも歩留まりをよくしておきたいという思いがあり、即効性が高いファーストビューに絞って改善をおこないました。

実施内容：ユーザーインタビューを5人におこなったところ「他のスクールとの違いがわからない」という声が挙がったため、AからBというキャッチコピーに変更しました。

結果：するとコンバージョン率が1.2％に改善しました。毎月2万人強が訪れるページなので、0.2％の改善は月+40件、売上に換算すると500万円以上のインパクトがあります。

学び：改めてユーザーインタビューの大切さを感じました。頭ではわかっていたことですが、インタビュイーを集めるのが億劫で、正直なところいままではあまり実践できていませんでした。5人に話を聞くだけでもかなり改善点が見つかったので、今後は定期的に、もっとライトに取り組んでいこうと思います。

　違いを感じていただけたでしょうか？　「実施内容（なにをやったのか）」を振り返ることはみな得意ですが、差が出るのは「前提」「結果」「学び」の3つです。

「前提」は、自分にとっては当たり前のことなので、うっかり端折られがちです。悪い例では「もともとコンバージョン率は約1.0％」「即効性が高いからファーストビュー改善に絞った」あたりの情報が抜けていました。これらの情報の有無によって、LP改善においてファーストビューの見直しがどれほど意味のある施策なのか、受け取り方が変わるはずです。

　ちなみにこうしたノウハウは、「前提」を無視してマネすると基本的にうまくいきません。たとえば、仮にコンバージョン率が0.1％しかなければ、訴求の前にCTAやフォームを見直すべきです。紹介するノウ

ハウが自社にマッチするかどうかを読者自身に判断してもらうためにも、前提の共有はしっかりおこないましょう。

　続いて「結果」は、どれだけ赤裸々に公開できるかが勝負です。「コンバージョン率1.2倍」は、「マーケティング業界あるある」といっても過言ではない、無難すぎる表現です。「コンバージョン率1.2倍を達成した秘訣」とタイトルで謳ったとしても、もはや有益と思ってもらえない可能性すらあるでしょう。「月+40件、売上に換算すると500万円以上」といった、リアルな数字にこそ価値があるのです。クライアントワークの場合はどうしても公開できる数字が限られるかと思いますが、自社の数字であれば、ぜひ可能な範囲で公開してみてください。

　最後は「学び」です。「○○の大切さを感じました」という感想だけでなく、「○○の大切さを感じたので、これから△△をやります」というネクストアクションまでぜひ宣言しましょう。こうすると読者のアクションを後押しできますし、なにより自分自身の学びも深まります。

2.アンケートで声を集める

　一次情報を集める方法の2つ目は「アンケート」です。「調査レポート」を作るときや、「まとめ記事」において複数人の意見を参考にしたい場合などに使います。ここでは、アンケート作成のポイントを2つ紹介します。

「せっかくだし聞いておこう」という質問は削除

　いざアンケートを作ってみると、「せっかくの機会だしこれも聞いておこう」と、質問がどんどん増えていきます。アンケート作成初心者ほぼ全員にこの傾向が見受けられるため、おそらく人間の性ではないか？と私は思っています。

　しかしながら、**「せっかくだから」という理由で増やした質問から導かれる結果は、結局「使わない」ことがほとんど**です。質問数は多ければ多いほど離脱が増えるため、回答数を伸ばしたいのであれば、意味のない質問を追加するのはやめましょう。

対象：全国のデザイナー
目的：デザイナーの勉強方法を聞く

Q1. 年齢は？
Q2. 性別は？
Q3. お住まいの都道府県は？
Q4. デザイナー歴は？
Q5. 月に何冊デザイン関連の本を読んでいる？
Q6. 他のデザイナーにおすすめしたい本は？（記述）
Q7. 情報収集に使っているSNSは？（選択）
  L Pinterest/Twitter/Instagram/YouTube/TikTok
Q8. 他のデザイナーにおすすめしたいアカウントは？（記述）
Q9. 初学者におすすめのインプット方法は？
  L 書籍/Pinterest/Twitter/Instagram/YouTube/TikTok/雑誌/
Webメディア

　上のアンケート例にあるQ1〜3のような「回答者の属性を知るための質問」は、とりあえず聞いておく系質問の代表例です。数千〜数万人の回答を集めるアンケートでない限り、クロス集計に使っても有意義なデータになりません。

　Q9「初学者におすすめのインプット方法は？」を聞いても悪くはありませんが、事実ではなく意見を聞く質問であり「全部にチェックがつく」といった結果が予想されます。「新米デザイナーとベテランデザイナーの情報収集方法のギャップ」を洗い出し、初学者におすすめのインプット方法を示唆として導き出すほうが有意義です。

ユーザーとして繰り返し回答して違和感をつぶす

　2つ目のポイントは「見直し」です。**単に質問項目を眺めるのではなく、実際のフォーム画面にて、いちユーザーとして回答してみましょう。**いざやってみると、「どの時点の話を聞いているのか混乱する」「上の質問との違いがパッとわからない」といった課題が必ず見つかります。**最低でも5回は自分で回答して、違和感をつぶしましょう。**

　また、自社にとっては当たり前の表現が、他社の人にとっては当たり前ではないことも多々あります。たとえば私が先日アンケートを作ったときは、「"お問い合わせフォーム営業"とはなにかわかる／わからない」「営業とプランナーはほぼ一緒である／一緒ではない」あたりで意見が割れました。社外にアンケート調査を実施するときは、自分だけでなく複数人で見直すことをおすすめします。

3.取材で有識者の声を集める

　一次情報を集める方法の3つ目は「取材」です。業界の著名人にインタビューをおこない「取材記事」として世の中に出すこともあれば、ノウハウ記事を作るための素材集めとして社員に取材することもあるでしょう。ここでは、取材のなかでも最も労力がかかる「社外の著名人インタビュー」を想定してポイントをまとめました。

事前調査はSNSの投稿内容までチェックする

　取材の1つ目のポイントは、月並みですが「取材相手を徹底的に調べること」です。相手が執筆した記事や書籍、取材を受けているメディアや登壇しているイベント映像すべてに目を通すのはもちろんのこと、「公開されているSNSアカウント」をチェックするのもおすすめです。

　SNSの投稿からは「どんなことに対して嬉しいと思うのか」「嫌だと思うのか」といった、心が動くポイントを垣間見ることができます。これは、取材当日に場の空気を作るうえでとても役立ちます。「自社製品に誇りを持っていて、顧客のクチコミをよくシェアしている相手」であれば、製品に対する感想をよりていねいに伝えます。「最近お子さんが生まれて大変そうな相手」であれば、さりげなく「お仕事と育児の両立は大変ですか？」と聞いてみます。このように、アイスブレイクとして「相手が受け取ってきっと嬉しいであろう言葉」を投げかけていくと、緊張感のある空気がやわらぎ、取材を進行しやすくなります。

　また、**徹底的に相手を調べておくと「自分自身が落ち着いて取材に臨める」**という副次的な効果もあります。これは、取材を臨機応変に進めるうえで非常に大切なポイントです。とくに「取材相手が話している映像」を視聴して声のトーンや話すスピードを把握しておくと、取材当日の安心感がグッと増すため、ぜひお試しください。

質問項目はしっかり作り込む

　同じ理由で、「質問項目」は細かく作っておいたほうが当日の安心感が増します。なにより、「今日はどんなことを聞かれるのだろうか？」と取材相手を不安にさせないためにも、質問項目はしっかり用意して事前に共有すべきです。

　いままで多くの業界の著名人にインタビューしてきましたが、どんなに忙しい方でも「せっかく取材を受けるなら、有益でおもしろい話をしたい」という思いで臨んでくれます。「その場で聞かれたことを適当に回答しよう」という人はいません。よって質問項目の事前共有は、もはやマナーとも言えるでしょう。また、作り込んだ質問項目は「私はあなたに興味があるんです」という事前の意思表示にもつながります。

　世の中には、「質問項目を作り込み過ぎると当日臨機応変に取材できないので、質問は5つ程度しか用意しません」という流派のライターもいます。柔軟性を意識しながらも質問項目は作り込む方法として「今日のお話のなかで、最も譲れないポイントはどこですか？」といったような、「当日聞けたお話に紐づく質問」を入れておくとよいのではないでしょうか。

取材中は「盛り上げ」を意識する

　取材中は、「盛り上げ」に徹しましょう。アンケート回答で済むような情報しか得られなければ、わざわざ日程を調整して時間をとってもらう意味がありません。**相手に気持ちよく話してもらい、「感情がのった言葉」を引き出すことに全集中**しましょう。メモなんて「あとで深掘りしたいキーワード」をさっと控えておく程度で十分です。

　「このテーマについてはどんどん言葉が出てくるな」と感じたらそれを深掘りし、逆に「あまり言葉が出てこないな」と感じたらすぐに切り替えましょう。目の前にいる相手と向き合い、最も相手の気持ちが高ぶる言葉が引き出せそうなテーマをつねに探るのです。もちろん、用意した質問項目どおりに進める必要はありません。

　ただし、取材慣れしていない相手、あるいは取材を受けることに対して前向きでない相手の場合、本音がなかなか出てこないパターンもあります。このとき有効なのは、**「本気のお悩み相談」**です。「いま自分はこういうことに困っているのですが、あなたならどうしますか？」と相談すると、親身になって回答してくれる傾向があります。こちらが本音になれば、相手も本音になってくれるのです。

　また、ときに話が大きく脱線することもありますが、結果としていい言葉が引き出せているのであれば問題ありません。ただし「どうしてもこれだけは聞いておきたい」という質問が残っている場合は、「おかげさまで話が盛り上がり、あっという間に残り15分になってしまいました」と、残り時間を口にしましょう。そうすると、相手も喋りすぎないよう意識してくれます。

抽象度が高いキーワードはひたすらツッコむ

　取材をしていると「マーケティングは顧客理解が大事だ」といった、抽象度の高い言葉が出てくることがしばしばあります。これらは記事に落とし込む際に注意が必要です。非常に本質的ではあるのですが、具体的な話がセットでないと「そりゃそうだよね」「そんなこと知ってるよ」と受け取られてしまい、その重みがなかなか伝わらないのです。

　そのため、抽象度が高いキーワードが出てきたらどんどんツッコむようにしましょう。「顧客理解が大事だとみんな頭ではわかっているものの行動に落とし込めていない企業が多いように感じます。それはなぜだと思いますか？」「顧客理解を徹底するために貴社では、具体的にどのようなことに取り組んでいますか？」など、一歩踏み込んだ質問をすると、より伝わる記事に仕上げることができます。

　ちなみに世の中には、「Whyを深掘りする」といった「取材術」が存在します。私はこれらを鍛錬するよりも、**「聞いた話を持ち帰って自分の血肉にするぞ」というマインドで取材に臨むことこそが、質問力を高めるうえでなにより有効**ではないかと思います。実務に活かそうという気持ちがあれば自然と深掘りしますし、応用を利かせようともします。取材術を意識せずとも、自然に質問が出てくるものです。

「自分が聞きたいこと」を聞く

　最後のポイントは、私自身が最も大切にしている、**「自分が聞きたいこと」を聞く**ことです。「どこかで見たことがあるような無難な記事はPVにもコンバージョンにもつながりません」と先に断言しましたが、

それはインタビュー記事においても同じです。他のメディアと同じことを聞くだけの取材であれば、取材相手にわざわざ時間をもらう意味もありません。**インタビュアーが「自分が聞きたいこと」を聞くからこそ、オリジナリティのある取材記事に仕上がる**のです。

　また、私は当日に必ず「こういう理由であなたに取材を依頼して、今日はこんな話を聞きたいんです」という意気込みを相手にしっかり伝えるようにしています。「この人は自分に興味を持ったうえで取材にきてくれたんだな」と感じてもらえれば、相手の「話そう」という気持ちも高まるものです。「聞きたい」という気持ちは、取材という限られた時間のなかでたくさんの情報を引き出すうえでも有効なのです。

　参考までに、「自分が聞きたいこと」を詰め込んで作った、実際の質問項目を2つ紹介します。

質問項目の例1

マーケターが「よくやっているけど意味のない業務」と「成果を出すためにやるべきこと」って？　WACUL垣内氏インタビュー
（https://liginc.co.jp/505837）

● ご自身のTwitterやインタビュー記事にて「これは意味がない！」と発言されていた内容を下記にまとめたのですが、とくに意味がないと思うものから順に、意味がない理由とあわせて教えてください！
　・（セッションが少ないページにおける）ABテスト
　・アトリビューション測定
　・（デザインなど表層的な）サイトリニューアル
　・時間をかけたWebサイト分析
　・ユーザー別のメルマガ配信

・誰も見ない動画作り
・ニッチ過ぎるリスティング運用
・過度なブラウザ/デバイス対応
・誰も見ないページのデザイン統一
・全画像にalt属性挿入

● 上記の他にも「マーケターがよくやっているけど意味のない仕事」があればぜひ教えてください！
※ちなみに私が思い当たるのは、組織やオペレーション上の問題が多いのですが……
　・あまり有効活用されていない広告やサイトのレポーティング
　・社内へのフィードバック資料作成＆MTG
　・広告クリエイティブの量産と入稿作業
　・広告クリエイティブの制作におけるデザイナーとの折衝
　・リードがその後どうなったか営業からの吸い上げ作業
　・セミナー投影資料の整え　など

● 逆に「マーケターがあんまり重視してないけど本当は大切な仕事」をぜひ教えてください！
　　※想定されるものは……
　・サービス導入事例紹介の更新
　・SEO流入が見込めるコンテンツの拡充
　・ユーザー調査　など

● 意味のない仕事を断ち切るポイントを教えてください！
　・マーケター自身のスキルセット、マインドセット面から
　・社内でのコミュニケーション、ポジションどりの面から

● 垣内さんにとっての「マーケターの理想の姿」を教えてください！
　・「事業責任者」という言葉よりもう一歩具体的に
　・業務の領域や裁量権、日々の時間の使い方について

才流栗原氏に聞く！　これからのBtoB営業・マーケティング、コンテンツ制作を適切に導くフレームワーク【保存版】
（https://liginc.co.jp/513410）

- BtoB営業/マーケティングのオンライン化（全体）について
  今どんな相談が多く寄せられていますか？
  - ・BtoB営業/マーケのスタンダードにおいて、大きく変化する部分と変化しない部分をそれぞれ教えてください。
  - ・短期的に今すぐ取り組むべき施策を教えてください。
  - ・中長期的に取り組むべき施策を教えてください。
  - ・これからの時代の営業/マーケに求められるスキルはなんでしょうか？
  - ・貴社はどのようにオンライン化を進めていますか？

- 競合他社に負けないコンテンツ戦略について
  - ・質と量、どちらを重視しますか？
  - ・コンテンツの発信チャネルはどう選定すべきですか？
  - ・初めてコンテンツ制作に本腰を入れる会社は何から手を付けるべきでしょうか？
  - ・コンテンツを作るリソースが社内になく外注したい場合外注先を選ぶポイントを教えてください。
  - ・貴社のコンテンツ企画〜公開フローと所要時間をぜひ教えてください。
  - ・YouTubeやstand.fmの手応えはいかがでしょうか？
  - ・栗原さんが質・量ともに維持しながら情報発信を続けられる秘訣をぜひ教えてください。
  - ・情報発信力を高めるトレーニングがあれば教えてください。
  - ・業務効率化の秘訣をぜひ教えてください。

- 会社/個人のこれからについて
  - ・才流として今後チャレンジしたいことをぜひ教えてください。
  - ・栗原さんが今後チャレンジしたいことをぜひ教えてください。

COLUMN

文字起こしのコツ

　取材には、「文字起こし（録音データのテキスト化）」業務がセットで発生します。完全手動でおこなうと録音時間の2〜3倍はかかってしまう、地味にツラい業務です。しかし近年は「文字起こしツール」が著しく発達し、かなりラクに文字起こしができるようになりました。「文字起こしツールがなかった時代にはもう絶対に戻りたくない」と思うほどです。

　2023年現在、文字起こしツールの精度は「十分意味は汲み取れるが、精緻ではない」レベルです。よって私は、倍速で録音を聞き直しながら精緻に整える作業をおこなっています。今後テクノロジーが進化すれば、こうした聞き直しもいずれ不要になるでしょう。

　文字起こしツールはたいてい「無料お試し」できるので、ぜひ自分に合うツールを探してみてください。私の場合は「Rimo Voice」というツールを愛用しています。1時間の取材を文字起こしするのに2000円前後かかりますが、ものすごく億劫だった文字起こし業務がかなりラクになったので、十分お金を払う価値があると感じています。なお、現状使い勝手に難ありですが、Googleドキュメントの音声入力機能を活用すれば完全無料で文字起こしすることも可能です。

「正しい一次情報」を引用する

「書籍」「論文」「公式サイト」にあたる

専門用語の定義や、業界の歴史について解説したい場合、一次情報を「引用」する機会がしばしば発生します。この場合は、**極力「書籍」や「論文」から引用**するようにしましょう。また、**特定の技術やツールに関する記載は「公式サイト」から情報を引く**ことが欠かせません。

Web記事やYouTubeで公開されている解説コンテンツは、事実確認がおこなわれていないケースが多く、安易に引用すべきではありません。とくに公式サイトが英語の場合は、二次情報の日本語ブログについ引っ張られがちですが、**情報発信者として、引用する際は「正しい一次情報」にあたる**ことを心がけましょう。

なお、ITなど変化が激しい領域においては、数か月で情報が古くなってしまうことも多々あります。つねに最新情報にリライトするのが理想ではありますが、記事数が増えれば増えるほど、リアルタイム更新は現実的ではないと思います。よって「○年○月○日時点の情報です」と明記するよう心がけましょう。

Summary

第3章 まとめ

▷ 記事を作るときは、最初に目的を決めます。直接コンバージョンを獲得したい場合はニーズ顕在層向けの記事から、純粋想起を獲得したい場合は「書きたい」記事から作りましょう。

▷ 素材集めのキモは「一次情報を集めること」です。インターネット上に落ちている情報を参考にして書く「こたつ記事」では、コンテンツマーケティングにおいて成果は出ません。

▷ 経験を棚卸しするときは、「前提」を端折らず詳細に書くこと、「結果」を可能な範囲で赤裸々に洗い出すこと、「学び」としてネクストアクションまで明確にすることを意識しましょう。

▷ アンケート作成時には、「せっかくだし聞いておこう、という質問は削除すること」「ユーザーとして繰り返し回答して違和感をつぶすこと」を意識すると、解答数が伸び、より多くの一次情報を得られます。

▷ 取材のポイントは「事前調査はSNSの投稿内容までチェックする」「質問項目はしっかり作り込む」「取材中は盛り上げを意識する」「抽象度が高いキーワードはツッコむ」「自分が聞きたいことを聞く」の5つです。

第 4 章

いざ、執筆しよう

Let's Write

集めた素材を、いよいよ原稿に落とし込んでいきましょう。
本書では「読みやすい」記事を目指し、7つのステップに分
けて執筆手順を解説します。ポイントは、「わかりやすさ」と
「テンポのよさ」です。普段は執筆しない編集者やマーケター
も、フィードバックの参考にぜひご覧ください。

「読みやすさ」とは

「読みやすさ」は正義である

　本書ではここまでに、「目的設定と流入元・コンバージョンの設計」「熱量」「一次情報」がコンテンツマーケティングで成果を出すために重要である、という話をしてきました。これらの要素に比べれば、正直なところ「文章の読みやすさ」は二の次です。どんなに美しい日本語で綴られていたとしても、どこかで見たことのあるようなスカスカな記事であれば、成果にはつながりません。

　しかしながら、自分の読者体験を一度振り返ってみてください。「この記事は読みにくいな」と思いながらも最後まで読むケースは、かなり限られているのではないでしょうか。よほど業務で必要な情報か、上司から「これ読んでおいて」と指示されたものでない限り、頑張って読むことはないはずです。そうなればコンバージョンを獲得することも、純粋想起につながることもありません。

　つまり**「読みやすい文章」は、最後まで記事を読み切ってもらうための必須条件であり、成果を出すために欠かせない要素**です。この点において、「読みやすさ」は正義であるといっても過言ではありません。よって本章では「読みやすい」文章を目指し、その執筆手順を紹介します。

　ちなみに、私は自分が執筆した記事すべてをX（旧Twitter）でエゴサ

ーチしていて、感想をチェックするようにしています。いままでに一番
多くもらった言葉が、実は「読みやすい」でした。普段自分が心がけて
いることを余すことなく言語化しましたので、ぜひご覧ください。

　**読みやすい文章は、「わかりやすい」くわえて「テンポがいい」とい
う条件を満たしている**と考えます。

「わかりやすさ」を支える4つの要素

「わかりやすさ」は、次の4項目がすべて揃うことで生まれます。

　　１．日本語がこなれている
　　２．筋道立っている
　　３．メッセージが絞られている
　　４．「読者にとって馴染みある言葉」で書かれている

　これらはどれが欠けてもいけません。すべてクリアできていないと、
読者は頭のなかに「？」をたくさん思い浮かべることになり、「なんだ
かよくわからないな」とすっと離脱することになります。

１．日本語がこなれている
「日本語がこなれている」ことは「わかりやすさ」の必須条件です。
Google翻訳から出力されるような機械的でぎこちない日本語は、なか
なか内容が頭に入ってきません。読み進めることを苦痛に感じ、すぐに
離脱してしまうでしょう。

２．筋道立っている
　続いて、「筋道立っている」ことも欠かせません。「同じような話が繰

り返し出てくる」「頻繁に話が横道へ逸れる」ような論理構造が破綻した文章は、読み進めているうちに「あれ、これなんの話だっけ?」と迷子になってしまいます。また、筋道立っていないと読者に稚拙な印象を与えてしまうため、企業として信頼を損なうリスクもあるでしょう。

3．メッセージが絞られている

　3つ目は、メッセージ（言いたいこと）が絞られていることです。一つひとつがどんなに魅力的な内容だったとしても、一つのお皿に和食も洋食も中華もフレンチものっていたら読者は混乱します。「和食を食べたかったのに、これはちょっと違うな」と離席されることすらあるでしょう。「この記事は結局なにが言いたいの?」という質問にスッと一言で回答できるよう、メッセージはしっかりと絞り込みましょう。

4．「読者にとって馴染みある言葉」で書かれている

　4つ目は、「読者にとって馴染みある言葉」で書かれていることです。たとえばマーケティング系の記事の場合、アルファベットやカタカナの専門用語が頻発することがしばしばあります。業界歴が長い人であればスラスラと読めるでしょうが、これからマーケティングについて学ぼうとしている人にとっては「CVR」「CPA」「ROI」と並んでいるだけで、かなり「わかりにくい」と感じるものです。

「テンポのよさ」を支える2つの要素

　「わかりやすさの担保」が「読者にとっての障害物を取り除く行為」だとすれば、続いて紹介する「テンポのよさ」は、「最後まで勢いよく読み切ってもらうための工夫」です。「テンポのよさ」は、次の2つのポイントをおさえることで生まれます。

「読みやすさ」の構成要素

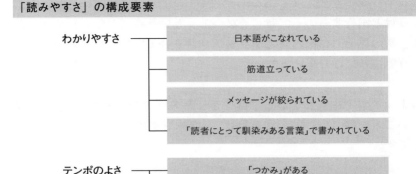

わかりやすさ
- 日本語がこなれている
- 筋道立っている
- メッセージが絞られている
- 「読者にとって馴染みある言葉」で書かれている

テンポのよさ
- 「つかみ」がある
- 読者の疑問・感情を先回りしている

　１．「つかみ」がある
　２．読者の疑問・感情を先回りしている

１．「つかみ」がある

　インターネット上の無料コンテンツは、「期待ハズレ」と判断されたらすぐに離脱されてしまいます。そのため多くのYouTube動画は冒頭にハイライトを差し込んでいますし、サブスクが当たり前になった音楽業界においても「イントロからサビの曲が増えた」と言われています。

　動画や音楽に比べると、記事は「つかみ」が徹底されておらず、冗長な自己紹介からスタートする構成が多く見受けられます。リード文や1つ目の見出しにおいては、キメゼリフの一つをあえて冒頭に持ってくるくらい、読者の興味関心を引くことに注力しましょう。

２．読者の疑問・感情を先回りしている

　また、テンポのよさは「読者の疑問・感情を先回りする」ことでも生

まれます。記事を読んでいるうちに「もっとここを知りたいな」「そうは言うけど実行するのって難しくない？」という感情が生まれてきたとして、次の見出しにその答えがバッチリ含まれていたら、読み進めようという気持ちになりますよね。

　つまり本書で主張している「自分が一番の読者であろう」「自分が聞きたいことを聞こう」という方針は、「読みやすさ」にもつながっているのです。

執筆を進める7つの手順

　ここからは、執筆手順に沿って「読みやすい文章」の書き方を7つのステップごとに解説します。

1. 目的を再確認する
2. 集めた素材を1枚の紙の上に並べる
3. 素材をグルーピングして並び替える
4. タイトルを決める
5. 必須ではないパーツを捨てる
6. つかみを入れる
7. ひたすら書く

　7つのステップのうち、集めてきた素材に過不足がなく、構成を再考する余地がない記事においては、一瞬で終わるものもあるかと思います。しかしぜひどの記事においても、一つひとつ順に進むことを意識してみてください。

　なお、より具体的なイメージを持ってもらうために、本章は次ページ囲みのインタビュー記事を例に挙げながら解説しました。インタビュー記事は、「集めてきた素材がとっちらかりやすい」「構成の自由度が高い」という2つの理由から、最も執筆の難度が高い記事の種類です。

見た目だけのブランディングはもうやめよう─Ｂ＆Ｈ×ＬＩＧ対談
（https://liginc.co.jp/594903）

　弊社ＬＩＧが大きくリブランディングをおこなった2022年6月22日に公開した記事です。「おもしろブログの会社」から「ＤＸ支援企業」へ変貌したことをより多くの人に知ってもらうために、ＬＩＧの創業者である吉原ゴウさん（現在は退任）と、ブランディングパートナーであるＢ＆Ｈ代表の今村玄紀さんに「ブランディングとはどうあるべきか」をテーマに対談してもらいました。累計1万8000PVを超えます。

1. 目的を再確認する

　執筆は、まず**記事を作る「目的（直接コンバージョン or 純粋想起）」を再確認すること**から始めましょう。素材集めに奔走すればするほど、目的は記憶の彼方に飛ばされがちです。また、「集めてきた素材をできれば活かしたい」という心理が働いてしまい、都合よく目的をねじ曲げてしまうケースもあります。コンテンツマーケティングの成果に貢献する範囲であれば途中変更しても構いませんが、そうでなければ原点に回帰しましょう。

　このとき、あわせてモードをチェンジすることも意識してみてください。素材を集めるフェーズにおいては、いち読者として「気になる！」「もっと深掘りしたい！」という気持ちを重んじながら、情熱的に進めることが吉でした。しかしこれから始まる**執筆と推敲は、どれだけ「冷静」になれるかが勝負**です。せっかく集めてきた素材を切り捨てるのはツラいものですが、ここで心を鬼にして情報を削ぎ落とせる人間こそ、「伝わる」記事を生み出せるのです。

目的　：純粋想起（「DX支援企業といえばLIG」と純粋想起されるためのは
　　　　じめの一歩）
流入元：SNSとメール

2. 集めた素材を1枚の紙の上に並べる

　目的を再確認し冷静になったところで、集めてきた素材を1枚の紙に
並べてみましょう。料理番組のように、すべての食材をていねいにキッ
チンテーブルへ並べるようなイメージです。ポイントは**「素材を最小単
位に分解すること」**と**「全体を俯瞰できる状況を作ること」**。分解が粗
いと後工程にマイナスの影響が出るため注意してください。

　また、全体を俯瞰できるのであれば、紙ではなくデジタルでも構いま
せん。マインドマップツールを利用するのもいいでしょう。私自身は「手
書きのほうが思考を整理しやすい」と感じているため、執筆のステップ
1〜6は毎回スケッチブックを片手におこなっています。

 悪い並べ方（分解が粗い）

・リブランディングの背景
・内製化しなかった理由
・B&H社に依頼した理由
・お互いの印象
・制作プロセス
・完成物
・これからやるべきこと
・どんな会社がブランディングをすべきか

⭕ いい並べ方

- リブランディングの背景
  - ・システム開発の売上が大
  - ・情報発信の統一感がない
  - ・ゴウさんの手が空いた
- 内製化しなかった理由
  - ・社内でやると遅延する
  - ・客観的に整理してほしい
- LIGから問い合わせがきたときの感想
  - ・昔から知ってて光栄
- B&H社に依頼した理由
  - ・相性のよさ
- お互いの印象
  - ・ゴウ→genki：こだわり強い
  - ・genki→ゴウ：知的
- 制作プロセス
  - ・野尻湖で合宿
  - ・3時間のワークショップ
    - 1.会社の人格
    - 2.経営者の人格
    - 3.企業にある習慣
    - 4.お客様の人格
    - 5.競合企業の人格
  - ・イデオロギー重視
  - ・経済学だけでなく人文学
- 完成物
  - ・こうありたいと思えるロゴ
- これからやるべきこと
  - ・クオリティに妥協しない
  - ・美意識が高い人が見ているものを見る

- ・短期的な目標に引っ張られない
- ● どんな会社がブランディングをすべきか
  - ・起業直後は不要、規模が大きくなったら
  - ・基準をあげるために全企業が取り組むべき

3.素材をグルーピングして並べ替える

　素材がずらりと並んだら、集めてきた順番や取材当日の流れは一切無視して、論理的に情報を整理します。内容が近い素材をまとめてグルーピングし、並べ替えていきましょう。並べ替えのパターンは、大きく次の2つに集約されます。

　・過去→未来：「生い立ち→現在→将来の展望」「課題→解決策→結果」など、時間軸が存在するものは時系列で並べましょう。

　・抽象→具体：解説記事など、時間軸を伴わないものは「定義→事例」「結論→理由」というふうに、抽象度が高いものが先、具体論を後に並べてあげると理解しやすい傾向があります。

before：具体→抽象	after：抽象→具体

●制作プロセス
 ・野尻湖で合宿
 ・3時間のワークショップ
   1.会社の人格
   2.経営者の人格
   3.企業にある習慣
   4.お客様の人格
   5.競合企業の人格
 ・**イデオロギー重視**
 ・**経済学だけでなく人文学**
	●B&Hのブランディングの考え方
	 ・イデオロギー重視
	 ・経済学だけでなく人文学
	●制作プロセス
	 ・野尻湖で合宿
	 ・3時間のワークショップ
	   1.会社の人格
	   2.経営者の人格
	   3.企業にある習慣
	   4.お客様の人格
	   5.競合企業の人格

　このとき、ステップ2で素材を最小単位に分解できていないと、グループのなかにうっかり混ざっていた別テーマ（上図のbeforeでいう「イデオロギー重視」「経済学だけでなく人文学」）を見逃したまま執筆に入ることになります。このうっかり混ざっていた別テーマこそが、後になって「内容が重複している」「いきなり話が横道に逸れる」原因となるのです。

　また、外部ライターに執筆を依頼すると、残念ながら「論理構造が破綻した原稿」がよくあがってきます。やわらかく人となりが感じられる文章を紡げる能力と、**数千〜数万文字の長文を筋道立てて書き切る能力**は別物であり、コンテンツマーケティングにおいては後者が必要です。しかしどこかその前提が浸透しておらず、ライター業界においては「論理的思考力」が軽んじられているように感じます。その結果、なんとなくいい感じの日本語が並んでいるものの、筋道立っておらずわかりにくい記事がしばしば誕生するのです。

　コンテンツマーケティングのための記事を書くのなら、**「論理的思考力」**はライターの必須スキルです。苦手意識のある人は、「集めてきた素材を1枚の紙の上に並べる」「素材をグルーピングして並べ替える」という2つの工程を、しっかりていねいにおこなってみてください。このタイミングで、論理構造が破綻していないかを周囲から一度チェックしてもらうのもいいでしょう。

4. タイトルを決める

　全体が整理できたら、ここで「タイトル」を決めましょう。タイトルは、記事の入口です。タイトルによって「どんな読者がどんな期待で記事を訪ねてくれるのか」が決まります。つまりタイトル決め＝「どんな読者のどんな期待に応えるのかを決める」ことです。

　SEO記事の場合はそもそも「読者のニーズありき」で作っているので、細かなワーディングを調整することはあれど、このタイミングでタイトルに大きく迷うことはありません。しかし、純粋想起目的の記事のように、執筆者の「書きたい」気持ちありきの記事の場合は少し厄介です。

　たとえば「見た目だけのブランディングはもうやめよう―Ｂ＆Ｈ×LIG対談」という記事は、「弊社LIGがおもしろブログの会社からDX支援企業へ変貌したこと」を伝えるためのものです。しかし「リブランディングのお知らせ」という方向性のタイトルでは多くの人に読んでもらうことが難しいとわかっていたので、「ブランディングとはどうあるべきか」を問いかける方向性のタイトルを設定しました。このように、「読者が興味を持ってくれそうなこと」をタイトルに置いて、結果として「自分たちが伝えたいこと」を伝えるパターンもあります。つまり、**目的と**

伝えたいことが明確であったとしても、**タイトルの方向性は一意ではなく、自由度が高い**のです。

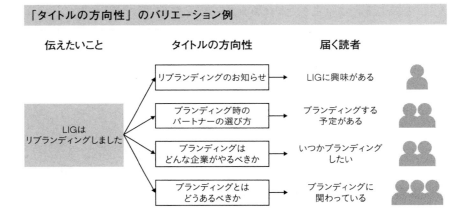

「タイトルの方向性」のバリエーション例

伝えたいこと　　　　　　タイトルの方向性　　　　　　届く読者

LIGは
リブランディングしました

リブランディングのお知らせ → LIGに興味がある

ブランディング時の
パートナーの選び方 → ブランディングする
予定がある

ブランディングは
どんな企業がやるべきか → いつかブランディング
したい

ブランディングとは
どうあるべきか → ブランディングに
関わっている

　ライティングの仕事を始めたころの私は、「いいタイトルが思い浮かばないから、後で考えよう」と後回しにすることが多々ありました。しかしタイトルを後回しにした記事ほど、PVは見事にパッとしませんでした。それもそのはずです。タイトルを決めないまま本文を書き進めるということは、誰がどんな気持ちで受け取ってくれるのかわからないまま、とりあえず手元の食材で料理を作るようなものです。特定の誰かに深く刺さることはない、無難なアウトプットにしかなりません。だからこそ、**タイトルは序盤で決めるべき**なのです。

　ちなみにこれはあくまで「最初にタイトルを決めてから書こう」という話であり、「最初に決めたタイトルを最後まで貫くべき」という主張ではありません。私自身、執筆を進めるなかでもっといいワーディングが思い浮かべば、途中で変更することもあります。言葉の選び方含め、

より詳細なタイトル作りのコツは第6章で解説しているので、あわせてご覧ください。

5. 必須ではないパーツを捨てる

　記事の入口となるタイトルが決まれば、本文に必要なパーツが一気にクリアになります。**「記事の目的を達成すること」「読者の期待に応えること」に対して必須ではないパーツは、思い切って捨てましょう。**「不要なパーツ」と書くと「そんなパーツはない！」と反論されそうなので、あえて「必須ではない」という表現をしています。

　私は取材記事の場合、最低でも20％、多くて50％ほど捨てています。50％削ってしまったあかつきには、取材相手に「すみません、泣く泣く削った部分がございます……」とお詫びをしています。お詫びをしてでも削るのは、そのほうが「伝わる」という確信があるからです。

　『エッセンシャル思考』（かんき出版）という本のなかに、「すぐれた編集技師は、余分なものを削ることによって、そのプロットや世界観やキャラクターをいっそう際立たせる」という言葉が出てきます。私はこの言葉にひどく共感しました。伝えたいことを「伝わる」ようにするためには、削るしかないのです。伝えたいことが複数あるのなら、記事を分ければよいだけです。

> 必須ではないパーツを捨てる（取り消し線部分）

見た目だけのブランディングはもうやめよう—B&H×LIG対談

● リブランディングの背景

- ・システム開発の売上が大
- ・情報発信の統一感がない
- ・ゴウさんの手が空いた
- ●内製化しなかった理由
  - ・社内でやると遅延する
  - ・客観的に整理してほしい
- ●~~LIGから問い合わせがきたときの感想~~
  - → ~~昔から知ってて光栄~~
- ●B&H社に依頼した理由
  - ・相性のよさ
- ●~~お互いの印象~~
  - → ~~ゴウ→genki：こだわり強い~~
  - → ~~genki→ゴウ：知的~~
- ●制作プロセス
  - → ~~野尻湖で合宿~~
  - ・3時間のワークショップ
    1. 会社の人格
    2. 経営者の人格
    3. 企業にある習慣
    4. お客様の人格
    5. 競合企業の人格
  - ・イデオロギー重視
  - ・経済学だけでなく人文学
- ●完成物
  - ・こうありたいと思えるロゴ
- ●これからやるべきこと
  - ・クオリティに妥協しない
  - ・美意識が高い人が見ているものを見る
  - ・短期的な目標に引っ張られない
- ●どんな会社がブランディングをすべきか
  - ・起業直後は不要、規模が大きくなったら
  - ・基準をあげるために全企業が取り組むべき

記事の目的に
そぐわないので
割愛した部分

　なお、ここまでくれば「ひたすら書く」フェーズへ移行しても記事としての品質はある程度担保されます。しかし「読みやすい」記事を目指すために、もうひと工夫してみましょう。「つかみ」を入れるのです。

6. つかみを入れる

　記事のテンポをよくするためには「イントロからサビ」で惹きつけましょう。具体的には、リード文あるいは1つ目の見出しに「つかみ」を入れるのです。「つかみ」には、次のようなパターンがあります。

・旬なネタ：「AI」「ChatGPT」など、世間一般的に興味関心が高い
　旬な話題を冒頭に持ってくる

・インパクトのあるデータ：明らかに業界水準を超えたインパクト
　のある数字を、タイトルやリード文に取り入れる

・常識否定：通説とは異なる主張があれば、その根拠とともに冒頭
　に持ってくる

・いきなり本題：「○○の成功の秘訣とは？」というタイトルに対し、
　もったいぶらず頭でズバリ即答する

　これら4つに当てはまらずとも、素材を集めたときに自分が「おっ」と心に残った金言を頭に持ってくるだけでも「つかみ」になります。くれぐれも冗長な自己紹介や会社紹介、サービス紹介からスタートしないように注意しましょう。

　たとえば弊社のリブランディング記事の場合、「なぜLIGはリブラン

ディングをおこなったのか？」という質問から始まるのが一般的だと思います。しかしこの記事ではあえて、「新しいロゴ、やっぱり好きだなぁ。」という感情がのった言葉と、実際の完成物のビジュアルから入ることでインパクトを出しました。

before	after
・リブランディングの背景 ・内製化しなかった理由 ・B＆Hのブランディングの考え方 ・制作プロセス ・**完成物** ・これからやるべきこと ・どんな会社がブランディングをすべきか	・＼**完成物**／ ・リブランディングの背景 ・内製化しなかった理由 ・制作プロセス ・B＆Hのブランディングの考え方 ・これからやるべきこと ・どんな会社がブランディングをすべきか

　なお、「つかみ」のパーツを前に持ってくることで全体の流れに違和感が出るようであれば、グループ単位で少し並べ替えましょう。ベースは論理的に並んでいるほうがわかりやすいため、ステップ3で並べ替えたものを改めて再構成する必要はまったくありません。微調整程度にとどめましょう。

　参考までに、1〜6のステップにかかる時間は、私の場合およそ1〜2時間です。タイトルがスパッと決まれば1時間、迷走すれば2時間要します。

7. ひたすら書く

　構成が決まれば、あとはひたすら書くだけです。日本語はあとで推敲すればよいので、まずは勢いよく最後まで書き進めてみましょう。何文

字くらいの原稿になりそうか先に把握できていたほうが、完成までの残り時間を予想しやすく、モチベーションも維持しやすいはずです。なお、3000〜5000文字の記事であれば通常3〜5時間、ライティング初心者なら、6〜8時間ほどかかるでしょう。

事例：この取材記事はこう書きました

2023年2月、アナグラム株式会社が運営するオウンドメディア「Marketeer」にて、SEOの第一人者である辻正浩さんを取材し、「辻正浩氏が語る、SEOに携わる者の責務と未来」（https://marketeer.jp/tsuji/）という記事を執筆しました。記事の目的は、「優れたマーケターの紹介」を通じて運営会社を認知してもらうこと。おもな流入元はX（旧Twitter）とはてなブックマークでした。

2時間の取材を通じて得た約4万文字にわたる情報を1枚の紙の上に並べ、グルーピングしたものがこちらです。

```
机の上に並べ、グルーピング
```

- ●仕事内容/実績
  - ・日本の検索流入の約5％を支援
  - ・順位をウォッチしているキーワード数十万超
  - ・うち数百キーワードは検索結果画面も記録
  - ・SEOのおもしろさとは
    - 変化が激しい
    - とくに健康・地域系のキーワード
    - ビジネスへの影響が大きい
- ●使命感の根源
  - ・WELQ事件から

> - ・コロナ禍で再実感
> - 対Googleへの思い
>   - ・一強は健全ではない
>   闘病記が消えた
>   - ・他の検索エンジンに期待しているがまだ安全でない
>   - ・第三者の立場から適切に指摘せねばならない
> - AIの影響
>   - ・検索行動はすぐには変わらない
>   - ・AI生成コンテンツはなかなか上がらない
>   - ・エコシステムが成り立っていない
>   - ・ただしAIの進化は急激
>   - ・AIにしか作れないコンテンツなら評価されるべき
> - SEO支援会社のこれから
>   - ・記事納品系はひどい会社もたくさんある
>   - ・いいコンテンツであれば検索上位をとれる
>   コンテンツSEO支援は不要になっていく
>   - ・テクニカルSEOはまだまだ必要
>   ただしわかる人は少なく学べる場所もない
> - SEO担当者へメッセージ
>   - ・自分の価値を検索してもらおう

「マーケター向けのメディアにつき、SEOマーケターが今後どのようにキャリアを築くべきかはぜひ盛り込みたい」「取材中に感銘を受けた、SEOの第一人者としての使命感についてはぜひ言及したい」と、一覧を眺めながら考えました。よって、「SEOに携わる者の責務と未来」という抽象度の高いタイトルにしています。

　第6章「タイトルのコツ」で紹介するとおり、私は本文を包括的に表現するような「抽象度の高い言葉」をタイトルに使うことを推奨していません。しかしながらこの記事は、SEOの第一人者・辻さんのインタ

ビューだからこそ、この言葉だけで十分重みが伝わると考えました。

　その後、必須ではないパーツを捨てる作業に入りました。この記事では取材で聞いたお話の約3分の1を泣く泣く削っています。

必須ではないパーツを捨てる（取り消し線部分）

- 仕事内容/実績
    - ~~日本の検索流入の約5%を支援~~
    - ~~順位をウォッチしているキーワード数十万超~~
    - ~~うち数百キーワードは検索結果画面も記録~~
    - ~~SEOのおもしろさとは~~
        - 変化が激しい
        - とくに健康・地域系のキーワード
        - ビジネスへの影響が大きい
- 使命感の根源
    - WELQ事件から
    - コロナ禍で再実感
- 対Googleへの思い
    - 一強は健全ではない
        - 闘病記が消えた
    - 他の検索エンジンに期待しているがまだ安全でない
    - 第三者の立場から適切に指摘せねばならない
- AIの影響
    - 検索行動はすぐには変わらない
    - AI生成コンテンツはなかなか上がらない
    - エコシステムが成り立っていない
    - ただしAIの進化は急激
    - AIにしか作れないコンテンツなら評価されるべき
- SEO支援会社のこれから
    - 記事納品系はひどい会社もたくさんある

- ・いいコンテンツであれば検索上位をとれる
  - コンテンツSEO支援は不要になっていく
- ・テクニカルSEOはまだまだ必要
  - ただしわかる人は少なく学べる場所もない
- ●SEO担当者へメッセージ
  - ・自分の価値を検索してもらおう

　つかみには、当時世間が気になっていた「生成AIによってSEOがどう変わるのか」というテーマを迷いなく持ってきました。これがドンピシャでハマり、多くの人にSNSで言及してもらえました。

| つかみを入れる |

- **●AIの影響（つかみ）**
  - **・検索行動はすぐには変わらない**
  - **・AI生成コンテンツはなかなか上がらない**
  - **・エコシステムが成り立っていない**
  - **・ただしAIの進化は急激**
  - **・AIにしか作れないコンテンツなら評価されるべき**
- ●対Googleへの思い
  - ・一強は健全ではない
    - 闘病記が消えた
  - ・他の検索エンジンに期待しているがまだ安全でない
  - ・第三者の立場から適切に指摘せねばならない
- ●使命感の根源
  - ・WELQ事件から
  - ・コロナ禍で再実感
- ●SEO支援会社のこれから
  - ・記事納品系はひどい会社もたくさんある
  - ・いいコンテンツであれば検索上位をとれる

コンテンツSEO支援は不要になっていく
・テクニカルSEOはまだまだ必要
ただしわかる人は少なく学べる場所もない
● SEO担当者へメッセージ
・自分の価値を検索してもらおう

　よろしければぜひ、実際に公開した記事「辻正浩氏が語る、SEOに携わる者の責務と未来」（https://marketeer.jp/tsuji/）もご覧ください。

執筆のスピードを
アップする方法

そもそも、原稿は早く仕上げるほうがいい

　前提として、私は「原稿の提出は早ければ早いほどよい」と考えています。そのため、**「取材から1週間で初稿を提出する」「フィードバックは24時間以内に反映する」**というマイルールを設定しています。

　たとえばインタビュー記事であれば、関係者の頭のなかに「取材でどんな話をしたのか」うっすら記憶が残っているうちに初稿を提出したほうが、スムーズに確認が進みます。取材から2か月後にふと原稿があがってきたとしても、「この記事ってどんな目的で、どういう話をしたんだっけ」と思い出すことからスタートする必要があり、たいてい確認を後回しにされるのです。これは、修正対応も同じです。相手の頭のなかにどんなフィードバックをしたのか記憶が残っているうちに修正稿を提出したほうが、「無事に反映されているかどうか」を瞬時にチェックしてもらいやすくなります。

　初稿や修正稿を速やかに提出することは、もちろんライターにとってもメリットがあります。取材で聞いた話はすぐにアウトプットしたほうが、自分にとっても記憶を掘り起こすコストがかかりません。それに同時進行する原稿の本数は少ないほうが、脳みそのキャパを有効に使えます。「取材を受けたときから状況が変わってしまって」という理由で修正対応を求められることも少なくなります。**公開までは速やかに、が正**

義であることは間違いありません。

「1週間で初稿提出」ルールは、スケジュールの入れ方さえ工夫すれば
どんなライターでも実現できるものです。私は副業ライターなので土日
を含む「1週間」と設定していますが、本業がライティングなのであれば、
「5日」で初稿をあげることもできるはずです。ぜひ、取り入れてみて
ください。

　なお、本書の冒頭で言及したとおり、残念ながらライター業界は明ら
かに締切必達の意識が薄く、「多少遅れても問題ない」という空気が蔓
延しています。たしかにニュースメディアでもなければ、1日2日ライタ
ーの初稿提出が遅れたとてメディア全体の進行スケジュールにさほど影
響はありません。発注者側も、「原稿は遅れて出てくるもの」として余
裕あるスケジュールを組んでいることがほとんどです。

　しかしながら、もしあなたがフリーライターなのであれば、**「締切厳守」**
を心がけてみてください。発注者側からすれば、よほどクオリティに差
がない限り、締切通りに原稿を提出してくれるライターに優先して仕事
を依頼するのは当たり前です。締切を破るライターは「どうしても依頼
先がなくて困ったときにしょうがなく声をかける2軍」にしかなれず、
いつまでたっても安定して案件を獲得することはできないでしょう。

「悩み」を減らして執筆スピードを上げる

　ここからは、執筆のスピードを上げるコツを2つ紹介します。スピー
ドが上がらない原因は、おそらく「日本語を書くのが遅いから」「タイ
ピングが遅いから」といった技術的な問題ではないはずです。「なにを
書こうか」「どう書こうか」と悩んでいるからではないでしょうか。

「なにを書こうか」で悩むケースは、「記事の企画を立てる手順」が社内で定まっていない、あるいは社内に浸透していないものと予想されます。もし自社で手順を組み立てることが難しいようであれば、ひとまずは第3章で紹介している「直接コンバージョン→純粋想起」の順に企画を立てて、執筆してみてください。

「どう書こうか」で悩むケースは、「目的設定→流入元・コンバージョン設計→構成案作成→素材集め→執筆」という手順を踏まず、テーマありきで執筆をスタートしてしまっている可能性があります。こちらも本書を参考に、手順を見直してみてください。目的をクリアにして、一次情報が大切であるというポイントをおさえれば、書き方はきっと見えてくるはずです。

また、執筆フェーズにおける「先にタイトルを決める」「必須ではないパーツを捨てる」というステップは、執筆の効率を上げるうえでも役立ちます。このステップをしっかり踏んでおくと、「結局使わなかった文章をムダに推敲してしまった」といった事態を減らせるでしょう。

なお、ライターではなく社員が記事を執筆する場合は、「こんなことを書いたら叩かれるんじゃないか」という「不安」から執筆のスピードが落ちるケースもあります。不安の吹き飛ばし方は第9章にて紹介していますので、ぜひご覧ください。

「便利ツール」を頼って執筆スピードを上げる

2つめのコツは、便利ツールを頼ることです。**時間をかけるべきは「素材集め」と「執筆」なので、それ以外の業務は極力ツールで効率化しましょう。**既出の「文字起こしツール」はもちろんのこと、世の中には「文

字校正ツール」や「SEOのキーワード調査ツール」、「競合他社のWeb
サイトが分析できるツール」など、便利なツールがたくさんあります。
無料〜月数万円で使えるものがほとんどなので、ぜひうまく活用してみ
てください。

　ただし、生成AI「ChatGPT」の活用にはやや注意が必要です。2023
年現在、ChatGPTが出力する情報はまだ「正確性」に欠けています。
ChatGPTに聞いて返ってきた答えを鵜呑みにして記事を公開すれば、
企業として信頼を失う可能性があります。よってChatGPTは「素材集
め」に活用するのではなく、検索ニーズの深掘りを手伝ってもらったり、
タイトル案をたくさん出してもらったりと、壁打ち相手としてフル活用
するのがおすすめです。

　AIの進化はめまぐるしく、将来的に正確性の課題をクリアする可能性
は十分にあります。テクノロジーは活用しないと損ですし、「使いこな
す側」でなければ、いずれ自分が市場から淘汰されてしまうリスクがあ
ります。日頃からアンテナを立てて、食わず嫌いせず、まずは使ってみ
ましょう。

Summary

第4章 まとめ

▷ コンテンツマーケティングにおいて「読みやすい文章」であることは、最後まで記事を読み切ってもらうための必須条件であり、成果を出すために欠かせない要素です。

▷ 「読みやすい」記事は、「日本語がこなれている」「筋道立っている」「メッセージが絞られている」「読者にとって馴染みある言葉で書かれている」という条件をクリアしていて、わかりやすいと言えます。

▷ くわえて「読みやすい」記事には「つかみがある」「読者の疑問・感情を先回りしている」という要素が含まれていて、テンポよく読み進められます。

▷ 執筆するときはタイトルを先に決めて、必須ではない情報を削ぎ落としましょう。集めてきた素材を切り捨てるのはツラいものですが、ここで心を鬼にして情報を削ぎ落とせる人間こそ、「伝わる」記事を生み出せます。

▷ 「集めてきた素材を1枚の紙の上に並べる」「素材をグルーピングして並べ替える」という2つの工程は、筋道立った文章を書くうえで役立ちます。論理的思考が苦手なライターはとくに意識しましょう。

5

客観的に推敲する

Polish Articles

「推敲」は、記事の品質を上げるために重要なステップです。ここでは客観的に文章を見直すためのポイントを解説します。また、「ライティング力を鍛えるために日頃からできること」もあわせて紹介します。

推敲を進める5つの手順

推敲は、次に紹介する5つの手順で進めていきます。

1．日本語を整える
2．難度を整える
3．環境を変えながら客観的に見直す
4．本番環境でチェックする
5．フィードバックをもらう

1.日本語を整える

まずは日本語を整えることからスタートしましょう。ここでは、編集時によく見かける「こなれていない日本語」の代表例を3つ紹介します。

・100文字以上の長文は分ける

最もよくあるパターンは、1文がとにかく長く、文章の係り結びがわかりにくいことです。100文字を超えている文章は、基本的に分けるようにしましょう。

わかりやすい文章を書くためのポイントは一文を短くすること、形容詞を削ること、係り結びの関係は近くに置くこと、と散々言われていますが、完璧に実践できているライターは決して多くなく、おおよそ意味が通じていれば区切ることなく一文にまとめてしまっていることが多い

のではないでしょうか。

　……いかがでしょう、この文章もかなり読みにくいと感じませんでしたか？

・冗長な単語や過剰な敬語を削る

「〜ということ」「〜することができる」といった冗長な単語や、「させていただく」などの過剰な敬語は、話し言葉の延長線で頻発しがちです。これらは次のとおりシンプルな表現に修正しましょう。私自身もつい使ってしまうことが多いため、推敲時は該当する単語で検索をかけて、一気に修正するようにしています。

- ・ライター**ということですか？**　→ ライター**ですか？**
- ・文章を**書くことができます**　→ 文章を**書けます**
- ・取材**させていただきました**　→ 取材**しました**

・文末の重複を避ける

　続いてよくあるのは、「〜ます。〜ます。〜ます。」というふうに文末が3回以上重複していて、文章のリズムが悪いことです。また、文末の重複を回避しようとするあまり、突如として「体言止め」や「だ・である調」が出現するケース、「〜と聞いて。」「〜してしまって。」といったやや癖強めの文末が出現するケースなどもあります。文末は意外と調整が難しいポイントなのです。

　重複を避けることはリズムを作るうえで大切ですが、回避のための不自然な文末はやたら目立ちます。「です」「でした」「でしょう」「ます」「ました」「ません」など、できるだけ一般的な文末に着地するよう努力することがおすすめです。

なお、外部ライターに執筆を依頼した場合でも、これら3つのような「こなれていない日本語」が見直されていないこと、誤字脱字が残ったまま原稿があがってくることがよくあります。最近のMicrosoft WordやGoogleドキュメントは性能が高く、誤字脱字には波線を引いてくれるにもかかわらず、それを無視してそのまま提出してくるライターが多いのです。

　これはひとえに、「正しい日本語を提出することは、最低限ライターに求められていることである」という認識がそもそもなく、「とにかく文章を提出すればよい」というスタンスで納品しているライターが多いからではないでしょうか。「どうせ手を加えるんだから、あとは編集側で修正してください」と、言いたくなるライターの気持ちもわかります。わかりますが、**ライターとして、正しい日本語で提出することは最低限コミットすべきライン**だと私は思います。

2. 難度を整える

　続いて、本文にある「専門用語」や「カタカナ」が読者にとって一瞬で理解できるものかどうかを確認しましょう。読者が持っている前提知識と記事の難度が揃っていなければ、途端に「わかりにくい」文章と化してしまいます。平易な表現に言い換えるか、注釈を入れるようにしましょう。

　「専門用語」や「カタカナ」の頻発は、コンサルタントやマーケターなど、普段からカタカナ語が多い職種の人が記事を書く際に起こりがちです。「読者が同じ職種ならいいではないか」と思うかもしれませんが、ITのようにどんどん新しい専門用語が生まれる場合は、同じ職種でも最

新の用語についていけないケースはしばしばあります。よってむやみやたらに使うべきではないでしょう。

　また、「専門用語」や「カタカナ」をよく使う人は、「そのほうがプロフェッショナル感が出る」と信じてやまない傾向があります。たしかに、コンサルっぽさ、マーケターっぽさは出るでしょう。ひらがなたっぷりの柔らかい文章だと稚拙に見えるのも事実です。しかしながら、専門用語について検索したとき、次のAとB、どちらの文章の執筆者を読者は「信頼」するでしょうか？

　　A. カタカナが多くてプロっぽいけど、読んでもよくわからない文章を書いている執筆者
　　B. 身近な例を出しながら平易な言葉で解説してくれる、わかりやすい文章を書いている執筆者

　ほとんどの人はBを信頼するはずです。なぜなら、**本物のプロならば、専門用語を誰にでもわかりやすく解説できる**からです。見栄は捨てて、読者にとってわかりやすい言葉にどんどん変換していきましょう。

3.環境を変えながら客観的に見直す

　ここまできたら、あとは「とにかく何度も見直す」のみです。私の場合は、「読み返しすぎて、もはや自分では文章のよしあしがよくわからなくなってきた」と感じるまで見直すようにしています。回数でいうと10回は優に超えるでしょう。

　見直しのポイントは、「環境」を変えながら、自分で書いた文章を客観的に読み返すことです。たとえば、「スマホで原稿をチェック」して

みると1行あたりの文字数が変わり、新鮮な気持ちで読めます。「この段落は長すぎてスマホだと読みにくい」といった課題にも気づけるため、Web記事においてスマホチェックは必須と言えるでしょう。

　また、**「一晩寝かせること」**もおすすめです。翌日読み直してみると、「この言葉は伝わりづらい」「この文章はリズムが悪い」といった粗がポロポロと出てきます。そのため私はたいてい夜に書き上げて、翌朝布団のなかでスマホから原稿を見直すようにしています。

　最後の見直し方法は**「音読」**です。私は心のなかで音読していることが多いのですが、リアルに音読しているライターも多いでしょう。同じ文章でも、音声で聞くとかなり印象が変わります。世の中には「文章を音声で読み上げてくれる機能」を有する文字校正ツールもあるので、ぜひ積極的に使ってみてください。

　ちなみに、見直している途中でどこか1か所を修正すると、「前後の段落で同じ文末が重複してしまう」といった不具合がしばしば生じます。そのため、**「いつも最初から」読み直す**ことを強くおすすめします。

4.本番環境でチェックする

　また、原稿は取り急ぎWordやGoogleドキュメントなどで作成しているケースも多々あるかと思います。その場合はCMS（WordPressなど）に原稿を流し込み、プレビューで仕上がりチェックすることも重要です。なぜなら、ドキュメントと本番環境ではパッと見の文章の詰まり具合が異なるため、「思っていたのと違うな」と感じるケースが多いからです。その結果、段落を増やしたり、強調箇所を追加したり、読点を増やしたりといった調整が発生します。

　ちなみに外部ライターの場合、本番環境に入れないケースもあります。そのため私が副業ライターとして仕事を受けたときは、Googleドキュメントを極力本番環境に近づけたうえで原稿を作成するようにしています。背景色やフォントサイズ、行間、1行におさまる文字量、強調の装飾パターン、目次の差し込み箇所にまで気を遣います。こうして本番環境に近い状態で初稿を作成しておけば、発注者側の追加編集作業を軽減できるでしょう。さすがにここまでやりきっているライターに出会ったことはありませんが、いち編集者の立場としては、「最低限、強調箇所は指定してくれると嬉しいな」という気持ちです。

　ライター自身でできる推敲はここまでです。あとは他人からフィードバックをもらうことで「読みやすい」文章を目指しましょう。

5.フィードバックをもらう

　ライティングに限らずどんなビジネスにおいても、**品質を上げるためには社内外からフィードバックをもらう**ことが大切です。「この文章だけだと言葉足らずでイメージが湧かない」「この表現はややネガティブな印象を与えてしまう」など、他人に見てもらうことではじめて見つかる改善点がたくさんあるでしょう。

　コンテンツSEOに強い株式会社ウェブライダーでは、代表である松尾茂起さんが書いた記事に対しても「全社員でフィードバックをし合う仕組み」があると聞きます。先日私も同社からフィードバックをもらう機会があったのですが、「ここまで言葉選びにこだわり抜くのか……」とすっかり感動してしまいました。コンテンツに真摯に向き合い、徹底的にクオリティを磨き抜いてきたすばらしい編集者・ライターからのフィードバックは、お金を払ってでも受けたいものです。

とはいえ、「フィードバックをもらうことは大切だ」とどんなに頭で理解していたとしても、提出した原稿が真っ赤っ赤で返ってくると、それはもうヘコみますよね。しかしライターのみなさん、どうか気を取り直してください。これは成長のチャンスです。本当にどうしようもない原稿は真っ赤っ赤どころか、編集者の手によって跡形もなく書き換えられる運命です。自分のもとに返ってきただけマシですから、**「赤入れは自分への期待の表れ」**と捉えるようにしましょう。

　なお、ときに編集者から「意図がわからないフィードバック」が飛んでくることがあると思います。そのときはぜひ、フィードバックの理由をたずねてみてください。認識を揃えておかなければ、次に書く原稿のレベルを引き上げられません。

　ちなみにフィードバックの理由を聞いても「あまり腑に落ちなかった」と感じる場合、まずは自分の考えを伝えてみましょう。それについて編集者から明確な返答があれば、着地点が見つかるかもしれません。しかしこうした「対話」すら成立しない編集者であれば、今後は無理に仕事を引き受けなくてもいいと思います。編集者とライター、それぞれが「いいと思う文章」に大きな隔たりがあると、お互い疲弊してしまうだけでしょう。

日頃からライティング力を
鍛える方法

　ここからは「もっといい文章を書きたい」と考えるみなさんに向けて、日頃からライティング力を鍛えるための方法を4つまとめました。ライティング力の向上に、特効薬はありません。基礎を学び、そして書き続けましょう。

論理的思考力を磨く

　1つ目は「論理的思考力を磨く」ことです。文章の性質によっては、もしかすると論理的思考力は不要かもしれません。しかし「執筆」の章で述べたとおり、コンテンツマーケティングを目的にした記事を書くのであれば、間違いなく「必須」です。苦手意識のある方は、ぜひ意識的にトレーニングしてみてください。

　私自身は、「ロジカルな上司のもとで働いていた時期」に最も論理的思考力が鍛えられた感覚があります。正直なところ当時は「ちゃんと情報を整理してから話しかけなきゃいけないから、気軽に相談しづらいな」と思っていましたが、そのおかげで随分と力が磨かれました。

　よって記事を執筆するときだけでなく、**普段からマインドマップツールを使うなどして、「情報の構造化」を習慣化する**ことがおすすめです。周りに信頼できるメンターがいれば、自分が作った構造が論理的に破綻していないかどうか、フィードバックをもらうのもよいでしょう。

こなれた日本語の書き方を学ぶ

　続いて2つ目は、「こなれた日本語の書き方を学ぶ」ことです。日本語には、義務教育で習ったこと以上に「知っておくと文章がワンランクアップするお作法」がいくつかあります。たとえば、「推敲」の章で登場した「文末の重複を避けること」などは、国語の授業では教わらなかった人がほとんどでしょう。**基礎知識は一回インプットするだけでも意識が変わる**ため、美しい日本語を書きたい人はぜひ、「文章の書き方」が体系的に学べる書籍を一度手にとってみてください。

　私のおすすめは『新しい文章力の教室 苦手を得意に変えるナタリー式トレーニング』（インプレス）です。本書の執筆にあたりライティング系の書籍を事前に10冊以上読んだのですが、この本には、私が編集者としてフィードバックする際にいつもチェックするポイントが完全に網羅されていました。チームの課題図書にも認定するほどおすすめの一冊です。

普段からWeb記事を読み漁る

　日常的にWeb記事を読み漁り、SNSでバズっている、あるいは検索上位のコンテンツに目を通しておくことも、ライティング力を鍛えるうえで有効です。さらに一歩学びを深めたい場合は、「なぜこの記事は多くの人に読まれているのか」を自分なりに言語化して、X（旧Twitter）や社内の情報共有チャットにシェアしてみましょう。このトレーニングによって、読者がいまなにに対して「いい」と感じるのか、解像度が上がります。「タイトル」や「つかみ」にどんなテーマを持ってくるといいのか、ヒントも得られるでしょう。

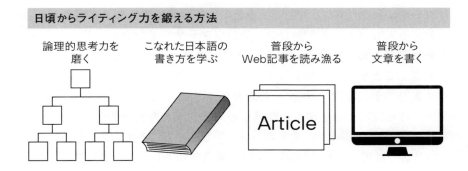

日頃からライティング力を鍛える方法

| 論理的思考力を磨く | こなれた日本語の書き方を学ぶ | 普段からWeb記事を読み漁る | 普段から文章を書く |

Article

　また、近しい取り組みとして、自分だけでなくチームメンバーみんなで**「なぜこの記事は読まれているのか」「もっとよくするために自分だったらどう編集するか」を出し合う会も非常に有効**です。実際にLIGブログ編集部でも取り組んでみましたが、「文章のよしあしの基準を揃えていくためにも、こうした場が必要だな」と強く感じました。

　ちなみに、やや本題から逸れますが、私は「いい記事」だけでなく「炎上している記事や広告表現」もチーム内の情報共有チャットにシェアするようにしています。決しておもしろ半分で共有しているわけではなく、世の中でいまなにが起きているのか、情報発信者として当然理解しておく必要があると考えるからです。表現の是非は、時代によってどんどん変化していきます。これから先どんなにベテランになったとしても、日々の情報収集に終わりはなく、やり続ける必要があるとしみじみ感じます。

普段から文章を書く

　最後に、言わずもがなですが、ライティング力を鍛えるためには「普段から文章を書くこと」が欠かせません。いくら良質な情報をインプットしても、アウトプットに勝るトレーニングはないのです。

世の中には、「SNSでもいいからまずは情報発信することに慣れよう」と勧める人もいます。しかしコンテンツマーケティングを目的にした記事を執筆する力を鍛えたいのであれば、やはり最低2000文字以上の文章を書くことをおすすめします。なぜなら、140文字の文章をわかりやすく書く力と、1万字の長文をわかりやすく書く力は別物だからです。長文になればなるほど構造を整理する力、すなわち論理的思考力が求められます。これは毎日140文字せっせと投稿したところで鍛えられません。やはり書くは書くでも、**2000文字以上を目安にトレーニング**しましょう。

　ライターではない人がいざ2000文字以上の文章を書くとなると、想像以上に時間がかかります。間違いなく最初は苦行に感じることでしょう。よって毎日毎週書けとは言いませんが、まずは月に1本からスタートしてみてはいかがでしょうか。

なぜ毎週書き続けられるのか

　ちなみに私は、月に約6本Web記事を書く生活を3年ほど続けています。そのほとんどは4000〜5000文字前後のインタビュー記事であり、取材時間も含めると、1本仕上げるのに丸1日以上はかけています。

　しかしそんな私も、4年前までは弊社「LIGブログ」で記事を月に1本書く程度でした。文章を書くことが好きなわけでも、文章を読むことが好きなわけでもありません。そんな私が、なぜ他の仕事もやりながらここまで記事を書き続けられるのかと言うと、理由はたった一つです。「仕事だから」です。仕事を依頼してくれた方へ、取材を受けてくれた方へ、期日内に提出する必要があるからです。

　正直なところ、これくらい強制力がないと、普通の人間は書き続けら

れないと思います。ごくまれに息を吐くように毎日ブログを更新する人もいますが、それをマネしようとしても1か月で息切れするのがオチでしょう。よって、もしみなさんが「普段から文章を書くことでライティング力を鍛えたい」と願うのであれば、**「書かなければならない状況を作ること」** が一番のポイントです。人間は怠惰な生き物ですから、SNS上で「書きます」と宣言する程度では足りません。仕事として引き受ける、あるいは長文の日報提出を上司に約束するくらいの強制力が必要です。

　また、「本当はもっと書きたいんだけど書く時間がないんだよね」という発言が出てくるケースは、「本当に時間がない」のではなく、「書くことの優先度が低いだけ」です。なんのために書くのか、なんのためにライティングスキルを上げたいのか。その理由がクリアになれば、書くことの優先度が上がり、自然と時間が捻出されるのではないでしょうか。

ライターのキャリアはどうなる？

　AIの台頭により、「ただ文章を提出するだけのライター」は淘汰される時代へすでに突入しています。文字単価でライティングを発注しているような会社から真っ先にAIでの文章生成を取り入れ、ライターへの仕事依頼を止めていくでしょう。

　とはいえ私は、ライターの仕事がすぐになくなるとは思いません。なぜなら、コンテンツマーケティングにまっとうに取り組む会社であれば、「AIで作った記事をそのまま公開」しないからです。100% AIで生成されたコンテンツでは、検索上位を獲得することも、「この記事の執筆者は業界のプロだな」と信頼を獲得することもできません。たたき台の作成ならすぐにAIに代替されるでしょうが、それに一次情報を肉付けして、読みやすい文章へ仕上げていくライターの需要は当面なくならないはずです。

　また、これから先AIがどれだけ進化してもなくならない人間の仕事の一つに、「決めること」が挙げられます。これをコンテンツマーケティングの業務に当てはめて考えてみると、**どんなコンテンツを作るのか決める仕事は残る**」ということになります。つまり「ライター」の仕事がなくなったとしても、「編集者」の仕事はなくならないと言えるでしょう。

　恥ずかしながら私は、ライターの仕事を始めるまで「編集者とは何者なのか」がよくわかっていませんでした。取材相手から「まこりーぬさんは編集者ですよね」とコメントをもらって初めて、自分の役割がライティングだけでなく、編集にも及んでいたことに気づいたレベルです。

　いまなら、「編集」の役割がハッキリとわかります。「自分が言いた

いこと」と「相手が知りたいこと」が重なる部分を見つけ出し、自分が言いたいことが相手に伝わるようにすること。コンテンツマーケティングに当てはめて表現すれば、**「企業が売上を伸ばすために発信したいこと」と「ターゲット顧客が知りたいこと」が重なる部分を見つけ出し、企業が発信したいことがターゲットに伝わるようにすることです。**

　いざこの「編集」という役割を自覚してみると、汎用性の高さに驚かされます。伝えたいことを「伝わる」ようにするわけですから、マーケティングにも広報にも、営業にもカスタマーサポートにも、コミュニケーションが発生する仕事であれば、「編集力」はどこにでも活きるのです。この力を磨いていけば、活躍できる場所をどんどん広げられるでしょう。

　ということで、ライターのみなさんはぜひ、3年後、5年後を見据えて、「編集」という役割にも足を踏み入れてみてはいかがでしょうか。ライターの経験があることは、編集者として頭一つ飛び抜けるうえでも間違いなく武器になるはずです。

Summary

第5章 まとめ

▷ 推敲は「日本語を整える」ことから始まります。とくに「100文字以上の長文は分ける」「冗長な単語や過剰な敬語を削る」「文末の重複を避ける」の3点をチェックしましょう。

▷ 文章の見直しは、一晩寝かせて、スマホから、音読でも、環境を変えながら何度も読むことが大切です。本番環境でチェックするのもおすすめです。

▷ 公開前には信頼できる編集者・ライターからフィードバックをもらい、文章をよりよく仕上げていきましょう。赤入れは、「自分への期待の表れ」です。

▷ 日頃からライティング力を鍛える方法は「論理的思考力を磨くこと」「書籍で基本を学ぶこと」「普段からいい記事を読むこと」「普段から文章を書くこと」の4つです。

▷ 文章を書くことを習慣にしたいなら、「書かなければならない状況」を作ることが大切です。人間は怠惰な生き物なので、ある程度の強制力が必要でしょう。

第 **6** 章

パーツ別の
ライティングポイント

Writing Points by Parts

本章では、記事の成果に影響する主要パーツである「タイトル」「リード文」「CTA」について、さらに具体的なライティングのコツを紹介します。NG例もあわせてご覧ください。

3大主要パーツ「タイトル」「リード文」「CTA」

ここからはパーツごとに具体的なライティングのコツを紹介します。

　記事の入口である「**タイトル**」は、とくに重要なパーツです。どんなに魂を込めて本文を書いたとしても、タイトルで興味を持ってもらえなければ、読んでもらうチャンスを得られません。「どうしたらクリックしてもらえるのか」を考え抜きましょう。

「**リード文**」とは、タイトルの後、1つ目の見出しより前にある「導入文」を指します。本題ではないため雑に書かれることが多いのですが、リード文はいわば「曲のイントロ」です。その先を読み進めてもらえるかどうか、鍵を握っています。

　また、「**CTA**（コンバージョンへ誘導するボタン）」は、直接コンバージョンを獲得したい記事においてはきわめて重要なパーツです。コンテンツマーケティング目的の記事だからこそ登場する概念であり、長年編集者やライターをやっている人にとっても馴染みのないケースがあるでしょう。本章を通じて、ぜひ設置方法をマスターしてください。

「タイトル」「リード文」「CTA」

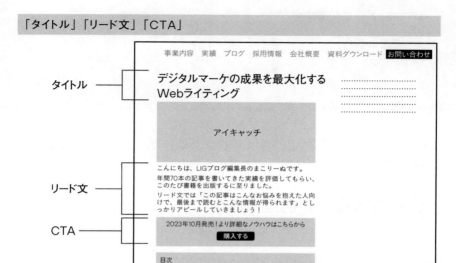

タイトル

リード文

CTA

タイトル

あなたはそれをクリックするか?

いいタイトルは「クリックする動機が明確」であり、なおかつそれが「パッと見でわかる」という2つの条件を満たしています。

クリックする動機が明確である

本文を包括した一文になっている
頭に連載名や号数が入っている

▼

クリックする動機が明確である
「知りたい」「共感する」「おもしろそう」

Web記事タイトルは、次のような「本文を包括した一文」になっているケースがよくあります。

・マーケティングには顧客理解が重要
・コンテンツマーケティングの現在とこれから

　みなさんはこのタイトルを見て、「この記事を読んでみたい」とクリックするでしょうか？　もちろん、業界の著名人がこれらを語るのであれば興味を持つかもしれません。しかしそうではない場合、とくにピンとくることも、グッとくることもないでしょう。このように**「本文を包括したタイトル」**と**「クリックしたくなるタイトル」は別物**ですが、「タイトル」といえばどうも「本文を包括したもの」という認識が根深いように感じます。

　続いて、タイトルの頭に連載名や号数が入っているケースもいまだによく見かけます。

・**【LIG通信No.100】サイトリニューアルの裏側**
・**【DX企業対談vol.1】エンジニア採用を成功させるコツ**

　よほど人気の連載でもない限り、「どの連載の何番目の記事なのか」は、読者からすると1ミリも興味の湧かない情報です。むしろ初見の読者からすれば、「自分には関係のない情報だ」と感じられるリスクすらあるでしょう。記事の顔とも言える「タイトルの冒頭」を、そんな無意味なキーワードで埋めるのは絶対に避けるべきです。

　では、「クリックしたくなるタイトル」とはどういうものかというと、**「知りたい」「共感する」「おもしろそう」**など、**「クリックする動機が明確なタイトル」**です。……こう言うと当たり前だと思われるかもしれませんが、いままでに自分がつけてきたタイトルを「クリックする動機はなにか？」という観点で一度振り返ってみてください。パッと答えられないケースも意外と多いのではないでしょうか？

・知りたい

　ビジネス系のコンテンツと相性がよい動機は「知りたい」です。「知りたい」系タイトルは左脳で作ることができるため、後述する「共感する」「おもしろそう」系のタイトルに比べると、再現性が高く鉄板のパターンとも言えます。ここで一つ、例を挙げます。次のAとB、「知りたい！　その先が気になる！」と感じるタイトル案はどちらでしょうか？

A.記事タイトルは「クリックする動機」を明確にしよう！
B.苦手な「記事タイトル作り」があっという間に得意になる方法

　きっとBを選んだ人が多いはずです。読者には「その先が気になる！」と思ってもらいたいわけですから、Aのようにホイホイと「答え」を出してはいけません。しかもタイトルのように限られた文字数のなかに「答え」を詰め込むと、どうしても「たいしたことない内容」に見えてしまいます。ただし、続くCのように「答えが意外」な場合においては、タイトルで答えを出しても構いません。「その先が気になる！」という気

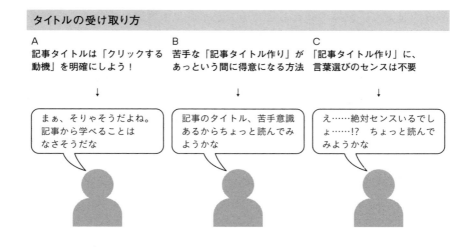

タイトルの受け取り方

A	B	C
記事タイトルは「クリックする動機」を明確にしよう！	苦手な「記事タイトル作り」があっという間に得意になる方法	「記事タイトル作り」に、言葉選びのセンスは不要
↓	↓	↓
まぁ、そりゃそうだよね。記事から学べることはなさそうだな	記事のタイトル、苦手意識あるからちょっと読んでみようかな	え……絶対センスいるでしょ……!?　ちょっと読んでみようかな

持ちをうまく醸成できるでしょう。

C.「記事タイトル作り」に、言葉選びのセンスは不要

・共感する
　続いては「共感する」という動機です。弊社「LIGブログ」で公開した記事のなかから、具体例をピックアップしました。

> **・「自分でやった方が早い病」を克服したい。**
> **・見た目だけのブランディングはもうやめよう**

　これらは「わかる……！！！」という親近感がクリックの動機になります。ただし「言葉選びが命」なので、しっくりくる言葉が見つからないときには、安易に手を出さないことをおすすめします。

　しっくりくる言葉を見つけるためには、深い業界理解が必要です。この本を読んでいる方であればおそらく、「ライターに共感される言葉」を洗い出すことはできるはずです。しかし、「エンジニアに共感される言葉」を洗い出せと言われれば、あまりピンとこないでしょう。共感されるタイトルを作るためには、ノウハウよりも「土地勘」が重要です。

・おもしろそう
　3つ目の動機は「おもしろそう」です。同じく「LIGブログ」から具体例をピックアップしました。

> **・世の中に溢れる「うざい広告」をプロが徹底解説！マーケターは**
> **　必見です**
> **・リモートワーク中に3日ほど仕事をサボってキャンプをしてても、**

上司は気づかないのでは？
・LIGブログを売却したらいくらになるかM＆Aサービスに聞いて
みた

「そんなことやっちゃって、その先どうなるの！？」というワクワク感
がクリックの動機になります。ただし、真面目なノウハウ記事に対して
「おもしろそう」なタイトルをつけると、期待値にズレが生じてしまい
ます。よって基本的には、記事本文のエンターテインメント性が高い場
合にのみこの動機を適用しましょう。

パッと見でわかる

続いて、クリックする動機が明確であったとしても、それが「パッと
見」で伝わらなければタイトルとして合格点ではありません。

とにかく長い

▼

パッと見でわかる（30文字以内）

「Yahoo!ニュース」などのニュースメディアにおいては、一般的にタ
イトルの文字数に上限が設けられています。一方、企業のオウンドメデ
ィアにおいてはタイトルの文字数に上限がなく、「とにかく長いタイトル」
が散見されます。かくいう私も、以前は長いタイトルをつけがちでした。
次の例は実際に出した記事のタイトルです。

- SEOがうまくいく会社の共通点と、やっぱり専門家に頼った方がいい理由って？　老舗のSEOコンサル会社・A社B氏インタビュー
- BtoCのLPに強いWeb制作会社Cが選ばれる理由は、お客様の売上にコミットする姿勢にあり。D氏インタビュー
- 採用マーケティングとは手法ではなく、思考法。HRマーケターE氏に2020年これからの採用活動について聞いてきた

　これらはすべて50文字を超えています。「少しでも多くの人に興味を持ってもらおう」という意気込みからキーワードをたくさん並べていますが、パッと見でなにを言っているのかわからないところが、完全に致命傷です。これらの記事は業界で認知度のあるみなさんに取材したおかげでそれなりに読んでもらうことができましたが、その前提がなければ、おそらくPVは伸びなかったでしょう。

　シンプルで魅力的なタイトルを生み出すのは、正直なところめちゃくちゃ大変です。よって「これくらいならまぁセーフでしょう」と、長文を許容する方向に気持ちはどんどん流れます。この「タイトルマジで長くなりがち問題」に歯止めをかけるためには、やはり「文字数に上限」を設けることがおすすめです。いったんは、Googleの検索結果において表示される「30文字」に設定するとよいでしょう。

　たとえば、先ほどの長いタイトルを30文字におさめてみると、次のようにパッと見で意味が通じるようになります。

before

SEOがうまくいく会社の共通点と、やっぱり専門家に頼った方がいい理由って？　老舗のSEOコンサル会社・A社B氏インタビュー

after

「SEOはやっぱり専門家に頼るべき」その理由は？

before

BtoCのLPに強いWeb制作会社Cが選ばれる理由は、お客様の売上にコミットする姿勢にあり。D氏インタビュー

after

「BtoCのLP制作ならC社」と選ばれる理由とは

before

採用マーケティングとは手法ではなく、思考法。HRマーケターE氏に2020年これからの採用活動について聞いてきた

after

2020年、採用担当は「マーケティング思考」を身につけよ

　くわえて、タイトルを「文章」ではなく「絵」として捉えるようにすると、可読性をもう一段階引き上げることができます。次のA・B・C、「パッと見でわかりやすい」のはどのタイトル案でしょうか？

> **A.月間2億PVを誇る経済情報メディアの編集方法**
> **B.月間2億PVのビジネスメディアに学ぶライティングメソッド**
> **C.月間300万PVを「2億」へ押し上げた編集メソッド**

　きっとCを選んだ人が多いでしょう。Aは漢字で窮屈、Bはカタカナでスカスカで、パッと見では意味が汲み取りにくいはずです。一方でCは漢字とカタカナのバランスがよいため読みやすく、カギカッコ効果で数字にグッと目がいくはずです。

　この「**タイトルを"デザイン"する**」という発想は、元東洋経済オンライン編集部長（現サンマークオンライン編集長）の武政秀明さんから教えてもらいました。取材でお聞きして以来、私も日々実践しています（例Cはアナグラム株式会社が運営する「Marketeer」にて、2022年に武政さんにインタビューした記事のタイトルでした）。

　あとは**作ったタイトルを見て、「この記事を読みたい！」と感じれば合格、そうでなければ不合格**です。タイトルは、とくに妥協が許されない最重要パーツです。どうしてもいい案が思い浮かばない場合は、チームメンバーとブレストするのもよいでしょう。

SEO記事のタイトル

　SEO流入を狙っている記事の場合は、「検索結果に表示されるタイトルの文字数は限られている」「検索結果上で他のページと必ず相対評価

される」という2点を念頭に、タイトルを考える必要があります。

　2023年現在、パソコンで表示されるタイトルの文字数は30文字前後、スマホの場合は35文字前後です。これより先はどんなに魅力的なキーワードを入れたとしてもそもそも表示されないため、30文字以内で他のページよりも魅力があることを訴求する必要があります。

　LIGブログでは、次のタイトルで上位を獲得しています。30文字以内で、「クリエイターが選ぶ」「同業者推薦」「本当に信頼できる」といった独自性を盛り込むことで、他のページとの差別化を図っています。

- **クリエイターが選ぶデザインに強いWeb制作会社12選**
- **【同業者推薦】SEOコンサルティング会社おすすめ9選**
- **本当に信頼できる大手Web制作会社8社【業界知名度随一】**

　SEO記事には「狙っているキーワードは必ずタイトルに入れよう」という根強い通説があります。2023年現在、タイトルに検索キーワードが入っていなくても、検索意図にあっているコンテンツであれば上位掲載されることがあります。しかし検索ユーザーの立場になってみると、**入力したキーワードと同じキーワードがタイトルに入っていたほうが「自分が求めていた情報だ」とピンとくる**でしょう。こうした理由から、この通説はいまだに有効であると言えます。

　これはディスクリプション（検索結果でタイトルの下に表示されるページの要約文）においても同じです。ディスクリプションは順位に直接影響しないと言われていますが、表示されている以上、クリック率を左右する要素の一つです。狙っているキーワードを適宜盛り込みつつ、他のページよりも魅力を感じてもらえるように作文しましょう。

リード文

適当に自己紹介するな

「リード文」の役割は、**タイトルを見てクリックした読者に「その先を読み進めてもらうこと」**です。よってSEO記事のように「知りたいこと」を明確に持った読者に届けるコンテンツであれば、その期待に応える内容であることを全力でアピールしましょう。「この記事はこんなお悩みを抱えた人向けで、最後まで読むとこんな情報が得られます」と明言する、目次を通じて記事の全体像を示しながら「あなたが知りたいことに網羅的に答えます」と意思表示をするようなリード文が有効です。

一方で、SNSでたまたま見かけて流入してくる、目的が明確ではない読者に対しては、最初に記事の全体像を示し過ぎると「なんだまたこういう話か」と興ざめされる可能性もあります。

目次を出して興ざめされる例

成果を出すBtoBマーケターの共通点

....
....
....
....

目次
1.顧客の解像度が高い
2.営業チームとの連携が強い
3.業務の選択と集中がうまい
さいごに：教育研修カリキュラムの紹介

- 基礎的な内容が多いのかな
- この話は別のメディアでも読んだな
- ああ、これは自社の宣伝か

→離脱

そのため私は、あえて目次を入れず、本文中の「キメゼリフ」をチラ見せしながら「その真意とはいかに……？」と期待を盛り上げるようなリード文にすることもあります。「目次を入れればいい」「"こんな人におすすめ"を明記すればいい」と画一的に考えるのではなく、「どうすればその先に興味を持ってもらえるのか」を考え抜きましょう。

　なお、「その先を読み進めてもらうこと」に寄与しないリード文であれば、本文に入るまでの距離がただ長くなるだけで、離脱につながります。「とりあえずなにか挨拶文を入れよう」とせずに、すぐに本文へ突入しましょう。

信頼に値する執筆者であることをアピール

　記事の書き出しは、自分が何者なのかを自己紹介するときにも、「その先を読み進めてもらうこと」を意識しながら書きましょう。

 「冗長な自己紹介」の例

こんにちは、LIGのまこりーぬです。

かなり涼しくなりましたがみなさん体調はお変わりないでしょうか。私は毎年季節の変わり目に風邪を引くタイプでして、ちょっと風邪気味です……。

そんな私ですが、実は最近、正式に編集長を拝命しました。ライターでも編集者でもなかった私が編集長になるなんて思いもしませんでしたが、精一杯がんばろうと思います。よろしくお願いいたします！

「信頼に値する執筆者であることをアピール」する例

こんにちは、マーケター 兼 LIG ブログ編集長のまこりーぬです。

年間70本の記事を書いてきた実績を評価してもらい、このたび編集長に就任しました。

　とくに社員に記事を書いてもらった場合、例に挙げたような「冗長な自己紹介」が発生しがちです。手紙のような時候の挨拶、いまの自分のコンディション、最近プライベートでハマっていること。これらは読者にとってまったく興味のない情報です。

　なお、「個性的な文体」や「親近感の醸成」を否定したいわけではありません。「AIが書いた無機質な文章」と「人間が書いた情緒あふれる文章」があるとしたら、後者のほうが好感を持たれる確率は高いでしょう。ただし、リード文のように「多くの読者の目に触れる特等席」で、読者を置いてけぼりにした「自分らしさ」を優先することは間違っています。

　冗長な自己紹介は無意味であると断言しましたが、**「執筆者がプロフェッショナルであることを示すための自己紹介」**なら積極的に取り入れましょう。コンテンツがあふれる現代において、「何を言うか」で差別化することは難しく、「誰が言うか」が一層重視されています。最近マーケティング部門に異動したばかりの人が語るノウハウと、20年マーケティングに携わる人が語るノウハウでは、読者の受け取り方も変わります。

　「自分の経歴をひけらかすことに抵抗がある」という美学をお持ちの方

もいるでしょうが、自分が出せるカードはすべて切って、「はじめまして」の読者に信頼してもらうために最適な自己紹介をおこないましょう。

つねに初回訪問者に向けて書く

また、リード文はつねに「初回訪問者」を想定して書くこともポイントです。

「いつも読んでくれている」前提

▼

つねに初回訪問者に向けて書く

リード文には、「前回こういうことを書きましたが……」「前回同様またこのテーマで……」といった一言がよく登場します。もちろん、前回の記事から引き続き読んでくれている読者はいるでしょう。しかし有料のメールマガジンでもない限り、読者の多くは前回の記事を読んでいません。新しい読者からすると、「前回」という言葉は、「前回と言われても知らないよ」というムダなひっかかりを生むことになります。

リピーターを重んじることはもちろん大切ですが、新規訪問者をないがしろにするオウンドメディアにおいて右肩上がりに成果が伸びることはありません。リード文はつねに、誰が読んでも違和感のない状態を目指しましょう。前回書いた記事は「関連記事」としてそっとリンクを張っておけばよいのです。

CTA

「読者の期待にあった誘導」が鉄則

読者の期待にあったコンバージョンを用意する

　CTAの鉄則は、とにもかくにも「読者の期待にあったコンバージョン」を用意することです。第1章「直接コンバージョンを獲得する記事を作るために」（30ページ参照）でも解説した内容ですが、成果を出すうえで、きわめて重要なポイントに当たるため、改めて復習しましょう。

NG

ノウハウ記事から「お問い合わせ」へ直接誘導

▼

OK

読者の期待にあったコンバージョンを用意する

　オウンドメディアをのぞいてみると、すべての記事に共通で「お問い合わせ」ボタンが置かれているケースをよく見かけます。「誰か一人でもお問い合わせにつながってほしい！」という運営企業の願いが伝わってくるようです。しかし、読者の立場になって考えてみてください。「そもそもオウンドメディアとはなにか」を調べているユーザーが、記事を読んでいるうちにいきなり「オウンドメディアのコンサルティングを相談しよう」と態度変容することはありません。ノウハウ記事から直接「お

問い合わせ」に誘導しても、意味がないのです。

　一方で、「オウンドメディア立ち上げ時におさえるべきポイント10選」というお役立ち資料であれば、興味を持ってもらえる可能性があります。このように**「読者の期待に合わせたコンバージョン」を用意すれば、お問い合わせにはつながらずとも、リード獲得にはつなげられる**のです。

　5年ほど前、私は「LIGブログ」の記事下に共通で置かれている「お問い合わせボタン」の「色」と「文言」をそれぞれ複数パターン用意して、どの組み合わせが一番コンバージョンにつながるのかを数か月かけてA/Bテストしたことがありました。いまなら、このテストがいかにムダであったのかがわかります。デジタルマーケティングっぽい業務におぼれることなく、読者目線に立ち、どんなCTAであればリアクションしたくなるのかを真摯に考えましょう。

記事下と目次上の設置はマスト

　あくまでCTAの定石は「読者の期待にあったコンバージョンを用意すること」であり「どこに置くか」は二の次ですが、あらゆる検証の結果、CTAには明らかにクリックされやすい鉄板の「位置」が存在します。直接コンバージョンを獲得することが目的の記事であれば、「記事下」と「目次上」には必ずCTAを置きましょう。

NG

そもそもCTAがない
あるいはCTAだらけ

▼

OK

記事下と目次上の設置はマスト

　現実世界には意外と「CTAがなにも置かれていない」記事が存在します。オウンドメディアを更新することが目的化してしまっているとき、CTAの存在はうっかり忘れ去られてしまうのです。また、逆に目次上・記事内×複数・記事下にボタン、くわえて追従バナー、極めつけにポップアップと、なりふり構わずCTAが置かれていて、もはや「記事が読みにくい」と感じるオウンドメディアも存在します。マーケターとしてとにかくCTAを置きたくなる気持ちはわかるのですが、やや「企業目線が強すぎる」感が否めません。よっておすすめなのは、弊社含めあらゆる企業が実証している鉄板位置2か所をおさえつつ、あとは本文にあわせて、途中で誘導できそうなタイミングがあればCTAを置く、という方針です。

　鉄板箇所の1つ目「**記事下**」は、本文を読み終えた読者の心に一瞬隙が生まれるタイミングです。「あなたに役立つこんな情報もあるんですが、ついでにいかがですか？」とすかさず提案すれば、アクションにつながりやすいでしょう。この「ユーザーがなにかの行動を終えたタイミングで、次なる行動を提案すること」は、記事に限らず営業・マーケティング全般に共通する勝ちパターンと言えます。

　続いて、鉄板箇所の2つ目は「**目次上**」です。一生懸命記事を書いている身としては切ない事実ですが、本文を読み進める前にアクションを起こしてくれる読者が一定数います。あくまで読者のニーズは「記事を読みたい」ではなく「○○について知りたい」であり、記事を読むことなくショートカットできる道があるなら、飛びつくのが自然でしょう。

Summary

第6章 まとめ

▷ タイトル作りのコツは、「知りたい」「共感する」「おもしろそう」など、クリックする動機を明確にすることです。「本文を包括した一文」や「連載名や号数」には読者の興味が湧きません。

▷ くわえて、それが「パッと見」で伝わらなければ合格点ではありません。「30文字以内」におさめることを目標に、タイトルをデザインしましょう。

▷ リード文は、その先の本文を読み進めてもらうために、読者の期待に応えるコンテンツであることをアピールしましょう。また、冗長な自己紹介など不要な情報は削るべきです。

▷ CTAは、読者の期待にあったコンバージョンを用意して、記事下と目次上に設置することが鉄則です。期待にあわないCTAをいくら置いても成果にはつながりません。

第 **7** 章

記事別のライティングポイント

Writing Points by Article Type

本章では、「記事別」にライティングポイントを紹介します。
「ノウハウ記事」「インタビュー記事」「まとめ記事」など、
作成する機会が多いであろう順に詳細をまとめました。作る
予定のある記事だけ読んでもらってもOKです。

ノウハウ記事

ラクして量産するなかれ

他では見たことがないノウハウ記事に

 NG

どこか見たことがある

▼

 OK

超具体的ですぐに役立つ
赤裸々にプロセスを紹介する
王道を外して切り口をズラす

「ノウハウ記事」は「作りやすい」という利点と、その裏返しで「**ただ普通に作るだけでは埋もれてしまう**」という難点があります。「オウンドメディアは、記事の質が大切です！」といったような、みんなわかりきっていることをそのまま表現するだけのノウハウ記事を作ったとしても誰にも興味を持たれず、流入を得られません。

こういうと「みんなが知らないノウハウなんて自社にないよ」と戸惑うかもしれませんが、安心してください。なにも「ノウハウそのもの」に新規性が求められるわけではありません。次に紹介する3つの工夫を取り入れることで、「他では見たことがないノウハウ記事」に昇華させ

ることができます。

超具体的ですぐに役立つ

　1つ目は「超具体的ですぐに役立つ」ことです。「すぐに役立つなんて、そんなの当たり前だ」と思われるかもしれませんが、〝明日すぐマネできるレベルまで具体的に落とし込まれた〟ノウハウ記事はそこまで多くない印象です。

　「超具体的ですぐに役立つ」のお手本は、BtoBマーケティングで有名な株式会社才流のコンテンツです。多くのノウハウ記事にWordやExcelのフォーマットがついていて、それらに自社の情報を入力すれば、記事内で紹介されているノウハウをすぐに実践できるようになっています。代表の栗原康太さんの「才流のコンテンツへのこだわりは再現性があることと、行動につながることです」という言葉のとおりです。

　記事の締めは「いかがでしたか？　ぜひ参考にしてくださいね！」で終わらせるのではなく、「このフォーマットを活用して、業務を推進してくださいね！」と、**次の行動まで具体的に後押しする**ことを目指しましょう。

赤裸々にプロセスを紹介する

　2つ目は「赤裸々にプロセスを紹介する」ことです。どんな課題があり、どれだけのお金と時間を使って、どれだけの成果が得られたのかを、可能な範囲で、ありのままに公開しましょう。とくに数字周りはあまりオープンに語られることがなく、「費用対効果150％」といったぼかした表現にされがちです。これを「300万円かけて約450万円分の売上につな

がった」という絶対値で記載するだけでも、かなり印象が変わるでしょう。

　また、いざ赤裸々にさらけ出そうとすると、決して美談には留まらず、失敗談を伴うことになります。自分の不甲斐なさをさらけ出すには勇気がいりますが、いざ記事にして公開してみると、「わかる！」という強い共感を得られることがあります。「失敗からどう学び改善したのか」が明確であれば、「この会社は信頼できないな」と思われることもありません。よって自分のなかで気持ちに整理がついている失敗談があれば、ぜひ記事にしてみてください。そのエピソードに心動かされる読者がいるはずです。

王道を外して切り口をズラす

　3つ目は「切り口をズラす」ことです。LIGブログからいくつか例を紹介します。

- ・ライターではないけど記事を書く人へお届けしたい、伝わる文章のキホン
- ・デザイナーおじさんが女子力高めのデザインをするための10のアプローチ
- ・デザインがしっくりこないときに試すこと10選【新米デザイナー向け】

　普段あまり記事化されないような、ニッチなターゲット、ニッチなテーマにして王道をハズしてあげると、**「かゆいところに手が届く」ような、オリジナリティある記事**に仕上がります。ただし「共感するタイトル」と同じく、深い業界理解がないと「かゆいところ」を見つけることはできません。自分が普段から身を置いている業界において使える技と言えるでしょう。

自社ならではのノウハウは繰り返し出す

一度出した情報は二度と出せない

▼

自社ならではのノウハウは使い回す

　自社ならではのオリジナリティあるノウハウがあるにもかかわらず、「このテーマは一度記事にしちゃったからもう出せない」といった発言を聞くことがしばしばあります。人はなぜ、「どの記事も全部読まれている前提」で考えてしまうのでしょうか。情報があふれたこのご時世、そんな心配をする必要はまったくありません。仮にどの記事も読んでくれている人がいたとしても、その人はあなたのファンです。2回、3回と同じ話をしたからといって、ネガティブに感じることはまずないでしょう。

　私は「ちょっと使い回す」くらいがちょうどいいのではないかと考えています。2回、3回と同じ話題に触れることでようやく「この人はこういうノウハウの持ち主なんだな」と記憶に残るのではないでしょうか。

まとめ記事

こたつで作るな

専門性のある人がまとめる

 NG

情報源が「検索上位の記事コンテンツ」

▼

 OK

専門性のある人がまとめる

「まとめ記事」は、「誰でも書ける記事」としてどこか誤解されがちです。たしかに、Web上にある情報をかき集めて、それっぽく記事を仕上げることは誰にでもできます。しかしこうして作成されたいわゆる「こたつ記事」は、二次情報、三次情報の集合体であり、きわめて信頼性に欠けます。業界知識がある人が読むと「なぜこの評判の悪いサービスがおすすめされているの？」とがっかりすることも多いでしょう。また、オリジナリティもないので、当然ながら検索上位も狙えません。

よって「まとめ記事」は、**そのテーマに詳しい人を「まとめ職人」に任命すべき**です。その人が本当におすすめできるものを、おすすめ理由とともに記事へと落とし込むのです。「他の記事でも紹介されているから」という理由でまとめるという、負のループを断ち切りましょう。

　LIGブログにおいて直接コンバージョンを獲得するために「サービス比較記事」を作るときは、アンケートなどで社員の声を聞き、SEOに長けたメンバーが執筆するようにしています。そうすれば一次情報が反映された良質な「まとめ記事」になり、現に競合性が高い検索キーワードにおいても上位を獲得できています。

選び方まで案内する

まとめる数で勝負する

▼

選び方まで案内する

　「まとめ記事」のなかには、「50選」「100選」という脅威のまとめ数を叩き出しているケースがあります。他の記事に負けないように「網羅性」で勝負しようとするからです。しかし、はたして、この網羅的な記事は検索ユーザーのニーズを満たしているのでしょうか？　少なくとも私は、100選のなかから自分に合うサービスを選ぶことに対して「大変だな」と感じます。100選は、検索ユーザーの意図を満たすことよりも、競合に勝つことが優先された結果ではないでしょうか。

　もちろん、サービスを選ぶうえで十分な選択肢があることは読者にとってありがたいことです。ただ選択肢を並べるのではなく、「価格をおさえたいならこちら」「手厚いサポートを優先したいならこちら」などと**「選び方」までガイドする**と、より深くニーズを満たせるでしょう。

インタビュー記事

心を鬼にして削れ

執筆時は大胆に削り落とす

 NG

「仕事内容を教えてください」から始まる

▼

 OK

大胆に削り落とし、冒頭にはつかみを入れる

「インタビュー記事」はしばしば、「まずは仕事内容を教えてください」から始まります。採用目的の社員インタビューであればまだしも、ノウハウを紹介するインタビュー記事ですら、仕事内容から始まります。残念ながら、ノウハウを知りたい読者にとって、仕事内容はなんの「つかみ」にもなりません。本文を読み進めるうえで仕事内容を理解してもらう必要があるのなら、プロフィール文に入れてしまえばいいのです。

　もちろん、取材当日は「まず相手を知ること」からスタートするのが一般的です。しかしながら、この取材当日の流れをそのまま反映した記事があまりに多すぎます。**聞いた話をそのまま文章にするのではなく、ベストな形に編集して読者に届けること**こそが、インタビューライターの仕事ではないでしょうか。「取材当日の流れ」に頭が引っ張られがち

であることをまずは自覚して、しっかりと内容を再構成しましょう。

　なお、インタビュー記事は取材相手にわざわざ時間を頂戴しているがゆえに、どうしても**「聞いた話を削りにくい」**という力学が働きます。「聞いた話は読者に届けたい」「届けなきゃ取材相手に失礼だ」という気持ちが湧いてくるのが自然です。しかし、第4章で伝えたとおり、メッセージが絞られていない記事はただ読みにくく、読まれないコンテンツになるだけです。

　ごくまれに、取材相手が「金言メーカー」のごとく名言を繰り出される場合、メッセージが盛りだくさんでも読まれることはあります。しかしそれは取材相手の力量に依存し過ぎです。メッセージが一つに絞られており、その一つに対して深い分析と示唆がある記事のほうが確実に読まれます。取材時と執筆時はしっかりモードチェンジして、心を鬼にして削りましょう。

「聞きたいことがある人」を取材する

 NG

フォロワーが多い人をとりあえず取材する

▼

 OK

「聞きたいことがある人」を取材する

　また、インタビュー記事を読んでいると時折「仕事やキャリアについて広く浅く聞かれただけのつまらないコンテンツ」に出くわします。こ

れは「フォロワーが多い人をとりあえず取材しているパターン」にありがちです。おそらく、**インタビュアーに「聞きたいこと」がない**のです。

　フォロワーが多い人に取材協力してもらえると、たしかにSNS流入を伸ばすことができます。その人が登場している時点で、とりあえず記事をクリックしてくれるファンが一定数存在するからです。しかしたとえ数万人のフォロワーを抱えているインフルエンサーであったとしても、記事の内容がおもしろくなければ「微風」しか吹きません。

　私も「フォロワーが多い人を取材している」立場ですが、「聞きたいこと」なしに、ネームバリューだけでとりあえず取材を依頼することはまずありません。第3章で述べたとおり、取材の最大のコツは「自分が聞きたいことを聞くこと」です。**打算的にインフルエンサーを取材するのではなく、普段から自分が興味があって「聞きたいことがある人」に取材**を申し込みましょう。万が一「聞きたいことがある人」が見つからない場合、それはシンプルに自分のインプット不足です。いいインタビューライターになりたいのであれば、常日頃から自分の好奇心に敏感でありましょう。

取材相手が将来の仕事相手に

「取材」は、人間関係を築くうえで有効な手段であると感じます。1.5
〜2時間ほどかけてじっくりと話を聞くので取材相手の理解がかなり深
まりますし、逆に取材相手が「インタビュアーである自分」のことを認
識してくれる確率も高いのです。

　そのためライターの生存戦略として、**「聞きたいことがある」** かつ **「関
係性を築きたい相手」** に**取材を申し込む**ことは有効な一手だと思いま
す。いつかお仕事をご一緒してみたい相手を取材することで、自分を
認識してもらい、仕事につなげるわけです。

　たとえば私の場合、仕事をもらうことを意図したわけではありません
が、初期に取材したマーケターの先輩方12名のうち、その後8名から
ライティングの仕事をもらっています。営業せずとも次の仕事のチャン
スが巡ってくるとは、インタビューライターとはなんといい仕事なんだろ
うか……と、いつも感じています。

事例記事

パッと見でわかればOK

「導入理由」「成果」がパッと見でわかる

（とくになし）

▼

「なぜこのサービスを選んだのか」「このサービスでどんな成果が出たのか」がパッと見でわかる

「事例記事」は、サービスの導入を検討している読者にたいてい「さらっと」読まれます。「ここまで上流から提案してくれるなら、うちの課題も解決できそうだ」「この大手企業から信頼を獲得しているということは、セキュリティ面は安心だろう」と、記事を読み安心して、そして発注プロセスを進めていくのです。このとき、「文章が読みやすければコンバージョン率が上がるか」と言うと、そんなことはありません。事例記事は、「お客様との取り組みを公開するだけで合格」なのです。よって「こんな事例記事はイケてない」というNG例もとくにありません。

しいてコツをあげるなら、**「なぜこのサービスを選んだのか」「このサービスでどんな成果が出たのか」**という、読者が求めている2つの情報を、

さらっと読むだけでも理解しやすいように工夫することです。記事の冒頭に箇条書きや表にして要約を入れるとよいでしょう。

　なお、「事例記事を多くの人に読んでもらうためにはどうしたらいいですか？」という質問をたびたび受けます。残念ながら多くの人は、「サービス導入によってどのような成果が得られたのか」というテーマにまったく興味がないものです。このテーマが変わらない以上、PVは伸ばせません。「せっかく作ったから多くの人に読んでもらいたい」という邪念は捨て、すでにサービスに興味をもってくれている人に、メールやサービスページを通じてていねいに届けていきましょう。

　ただし、「事例記事を多くの人に読んでもらう技」が一つだけあります。それは、「事例記事」ではなく「ノウハウ記事」に仕立て上げることです。たとえば弊社では、freee株式会社さんのWebサイト制作実績を『もう伸びないと思っていたCV率が限界を突破できた理由とは。「freee開業」LP制作裏話』というタイトルの記事にして公開しました。これは「ノウハウ記事」としてSNSで広がり、多くの方に読んでもらうことができました。このように、**「読者にとって有益なノウハウ」にテーマをズラせば、記事を読んでもらえる確率は上がります**。ただし「ノウハウ要素を強める」ということは、「自社のアピール要素を弱める」ことにもつながります。トレードオフである点に注意しましょう。

イベントレポート

まずタイトルを変えよ

読み物として再編集する

タイトルが「イベントレポート」

▼

読み物として再編集する

　イベントレポートは、そのほとんどが「イベントレポート」というタイトルのままです。この時点で、**どんなにおもしろい内容だったとしても「そのイベントにもともと興味があった人」にしか届かなくなってしまいます**。私も過去に「イベントレポート」というタイトルで記事を書いたことがあるのですが、内容の充実度に対してまったく数字が伸びず、非常に反省しました。イベントを知らなかった人にも興味を持ってもらいたいのであれば、タイトルは必ずつけ直しましょう。

　また、「登壇者同士のリアルな空気感を伝えたい」といった主張をしばしば見かけますが、本当にそれを実現したいのであれば、アーカイブ動画を配信すべきです。記事だからこそ果たせる役割は、「おもしろいところだけ短時間でザッとさらえる」ことではないでしょうか。よって

内容の薄いところは割愛する、わかりやすいように順序を入れ替えるなど、最低限編集を効かせることをおすすめします。

　しかし、あまりに手を入れすぎるともはやイベントの原形をとどめなくなってしまい、「コンテンツの転用により省エネで記事を作成できる」というイベントレポート最大の利点も失われてしまうため、うまく妥協ポイントを見つけましょう。

　余談ですが、プレゼンテーションやパネルディスカッションをいざ文字に起こしてみると、時系列がバラバラだったり、論理が飛躍していたりと、そのまま読むには耐えないことがほとんどです。「イベントレポートは簡単に作れる」と思っていると痛い目を見ることになるため、他の記事同様の工数を確保しておきましょう。

調査レポート

当たり前の結果を出して満足するな

証明したいことありきで調査を設計する

NG

調査せずともわかる事実を並べただけ

▼

OK

証明したいことありきで作る
ネクストアクションを提案する

「調査レポート」は、せっかく時間とお金をかけて調査したのに、「わざわざ調査しなくてもわかる事実」しか導けていない残念なケースをたびたび見かけます。「Q.Web広告で最も使われている媒体は？ A.Google」など、自明な事実がグラフになっているだけなのです。こうした調査レポートは、「とりあえずデータを集めて分析すれば、なにか発見があるだろう」という気持ちで調査をスタートした場合に生まれがちです。とりあえず集めたデータから、都合よく「新たな発見」が見つかることはありません。

よって調査レポートは、**「証明したいこと」を先に決めてから調査をおこなうことを強くおすすめします。**いざ調査してみると、うまく証明

できないケースもあるでしょう。しかしこれはこれで、「Aだと予想していたがBだった」という、新たな発見のあるレポートになるのです。

　株式会社WACULでは次のような調査レポートを出しています。

- **成果を出す人がGoogleアナリティクスで使う機能は10個だけ。アクセス解析の実態調査**
- **「メール送りすぎ？」という遠慮は不要。メールマーケティングの実態調査**
- **Web広告は直接CVで評価すればよい。アトリビューションの実態調査**

　レポートのタイトルは、長年デジタルマーケティング業界に身をおくWACUL代表の垣内勇威さんから湧き出てきた「世のマーケターに伝えたいメッセージ」です。長年プロフェッショナルとして活躍している人であれば、「確度の高い仮説」を持っているかと思います。ぜひその仮説を検証し、調査レポートにして世の中に広めていきましょう。

　調査レポートはただ事実を並べるだけでなく、**その事実を踏まえて読者はどう行動すべきか、「ネクストアクションの提案」までセットでおこなうべき**です。近い調査データがすでにあったとしても、「解釈」が異なれば、唯一無二の調査レポートへと仕上がります。そのためWACUL社の調査レポートにおいては、複数の有識者のコメントを記載しているのです。対象が同じデータでも人によって着眼点と解釈が異なるため、調査をおこなった私自身が読んでも毎回学びになっています。SNSでは、調査結果そのものではなく有識者コメントのほうが引用されることもしばしばです。いずれにせよ手間ひまかかるわけですから、調査レポートはぜひここまでこだわって作ってみてください。

記事広告

記事でPRする意味を出そう

　本章の最後におまけとして、「記事広告」の執筆のコツを紹介します。「記事広告」(「PR記事」「タイアップ記事」) とは、他社メディアに自社サービスを紹介する記事を制作・掲載してもらう広告手法です。LIGブログでは長年お客様へ記事広告を提供しており、実績は1000本を超えます。私も直近5年間で30本以上、マーケター向けサービスの記事広告を執筆してきました。

　記事広告を執筆する、あるいは発注する機会はおそらく少ないかと思いますが、「記事でサービスをPRしたいときのコツ」としてもぜひご覧ください。

態度変容のさまを見せつける

 NG

営業資料をそのまま記事にしただけ

▼

 OK

態度変容のさまを見せつける

記事広告で最もやってはいけないことは、営業資料をそのまま記事化

したような、淡々としたサービス紹介記事を作ってしまうケースです。もちろん、プレスリリースを打つだけで数百件問い合わせがくるような商品力の高いサービスであれば、ただ普通の紹介記事でも成果は出ます。しかし、そんなケースはごくまれです。

　記事広告の最大の利点は「〝第三者目線で〟サービスを紹介すること」であり、役割としては「クチコミ」に近いとも言えます。この利点を活かさない手はありません。よって私が記事広告を執筆するときは、**「そのサービスの見込み客になりきって、態度変容していくさまを見せつけること」**を強く意識しています。「競合他社とどう違うの？」「金額は妥当なの？」といった、いざ購入するとしたらリアルに気になるポイントにもツッコみながらサービスを紹介するのです。

「見込み客になりきること」が大切なので、基本的には、自分自身がターゲットに当てはまるサービスの記事広告を担当するようにしています。しかし自分が完全にドンピシャのターゲットではない場合は、**本来のターゲットが「抱えている課題」「喜ぶポイント」「不安に感じるポイント」、そしてターゲットが持っている「前提知識」を、お客様に徹底的にヒアリング**しています。とくに、「前提知識」のヒアリングは抜けがちです。そもそもサービスの名前を知っているのか、知っているならどういう印象なのか、商品カテゴリに対してどういう印象を持っているのか、いまはどういう代替商品を使っているのか。これらがズレるとどこかちぐはぐな文章になってしまうので、しっかりインプットしましょう。

ノウハウとサービス紹介を織り交ぜる

サービス紹介が最後にしかない

▼

ノウハウとサービス紹介を織り交ぜる

　また、「有識者インタビュー」からスタートして、途中から「サービス紹介」に入るような記事広告を見かけたことがある人は多いでしょう。これは、「事例記事」を「ノウハウ記事」にズラす手法とまったく同じです。少しでも多くの人に記事広告を読んでもらうために、「サービス紹介」に「ノウハウ」をくっつけているのです。

　このとき、**前半がノウハウ、後半がサービス紹介と完全に二分割されていると、ビックリするほど後半だけ読まれません。**ヒートマップは悲しくなるほどに後半「真っ青」です。「この記事が広告であること」は当然最初から明記されているわけですが、それでも、広告が始まった途端に読者はすっといなくなってしまうのです。

　よってノウハウとサービス紹介は前後半で切り分けず、**ノウハウの合間あいまにサービス紹介を織り交ぜる**のが正解です。「サービス資料請求」や「お役立ち資料ダウンロード」など、軽めのコンバージョンを途中ではさむのも有効でしょう。

アイキャッチにどこまで注力すべきか

　記事作成とセットで発生する業務の一つに、「アイキャッチ（OGP画像）の作成」があります。アイキャッチは、その名前のとおり「ユーザーの目を引くためのもの」です。SNSのタイムラインやオウンドメディアのトップページで「おっ」と注目してもらうために作成します。

　LIGブログでは、アイキャッチの作成業務を「新人デザイナーの修行の場」と位置づけ、全記事に対してアイキャッチをゼロからこだわって作っていた時期がありました。その当時、「どんなアイキャッチだとクリックされるのか」を言語化すべく、デザイナーと一緒になってブログトップページにおけるクリック率を分析してみたことがあります。残念ながら、手の込んだ美しいアイキャッチだからといって、クリック率が高まることはまずありませんでした。**クリック率に影響するのは、圧倒的に「テーマ」や「タイトル」**なのです。そのため現在はテンプレートを活用しながら、効率よくアイキャッチを作成しています。

　ただ私自身、「アイキャッチは適当でいい」とはまったく思いません。「明らかなフリー素材」や「写真に雑に文字を載せただけの素人っぽいデザイン」は、記事そのものがチープに見えてしまいます。タイムラインで一度見かけた程度では、まずクリックしないでしょう。

　また、アイキャッチを見ただけで「どの会社が発信している情報なのかわかること」は重要だと感じます。信頼している企業からの発信であれば、「とりあえず一回見ておこう」という心理が働くからです。よってアイキャッチの最適解は、**「コーポレートカラーやフォントが統一されたテンプレートをうまく活用しながら、デザイナーの力を借りて運用すること」**ではないでしょうか。

Summary

第7章 まとめ

▷ 「ノウハウ記事」は、超具体的ですぐに役立つようにするか、赤裸々にプロセスを語るか、切り口をズラすかして、オリジナリティを出しましょう。

▷ 「インタビュー記事」は、取材当日に話した内容・順序に引っ張られすぎてはいけません。執筆時は大胆に削り落とすことが「伝わる」記事にするための最大のポイントです。

▷ 「事例記事」はさらっと一読されるケースが多いため、「導入理由」と「成果」がパッと見で伝わるように工夫しましょう。

▷ 「まとめ記事」は、こたつで作ってはいけません。専門性のある人がおすすめのサービスやコンテンツを選定すべきです。

▷ 「イベントレポート」は、そのままのタイトルで出してはいけません。イベントを知らなかった人にも興味を持ってもらえるよう再編集しましょう。

▷ 「調査レポート」は、「証明したいことありき」で作り、データを踏まえて「読者はどう行動すべきか」まで提案しましょう。

▷ 「記事広告」の構成は、「ノウハウ」の合間に「サービス紹介」を織り交ぜることがおすすめです。

いい記事を「出し続ける」ために

To Keep Publishing Good Articles

本章は、いい記事を「出し続ける」ためのポイントを紹介します。オウンドメディアを運営する立場である編集者・マーケターのみなさんに届けたい内容です。ライターのみなさんは、発注者を理解するうえで参考にしてください。

いい記事を出し続けなければならない理由

本書ではここまで、コンテンツマーケティングで成果を出すための「いい記事の書き方」を紹介してきました。しかし**企業として成果を出し続けるためには、「新しいコンテンツを作り続ける」「記事をリライトし続ける」必要があります。**

なぜなら第一に、渾身の記事を通じてありがたいことに社名やサービス名を覚えてもらったとしても、丸1年ほど接点がなければ、その名前は記憶の彼方に飛んでしまうからです。ニーズが生まれたときに自社を純粋想起してもらうためには、「定期的に接点を持っておくこと」が欠かせません。なにかしらの新しいコンテンツを作り、届け続ける必要があります。

また、SEOから直接お問い合わせ・購入を獲得することに振り切っていたとしても、「記事をリライトし続けること」からは逃れられません。くわえて立ち上げたばかりのオウンドメディアであれば、ドメインを強くするために、記事の「本数」も一定数求められます。「100記事作ってようやく検索上位に上がってくる」という通説があるほどです（実際に100記事必要かどうかはケースバイケースです）。

広告とは異なり、コンテンツの更新を止めた途端に成果がゼロになることはありません。しかし**時間が経過するにつれて、社名やサービス名は忘れ去られ、検索順位も右肩下がりになっていく**のです。

いい記事を出し続けようと
すると立ちはだかる3つの壁

　いざ体制を整えて「いい記事を出し続けよう」とすると、立ちはだかる壁が3つあります。それぞれ解決策とあわせて紹介します。

1. 経営者が投資してくれない

　1つ目は、経営者のコンテンツ発信への理解が浅く、「編集部はみな兼任体制」「外注費は月10万円が上限」と投資をしてくれないケースです。いくら現場に「いい記事」を作ろうという想いがあったとしても、リソースが明確に不足していれば、記事作りを推進できません。とくに**「専任者が一人もいない」のは危険信号**です。オウンドメディアに限らない話ですが、責任者不在のプロジェクトがうまくいくことはありません。

　正直なところ、コンテンツマーケティングに成功している会社はほぼ100％経営者がコンテンツ発信に理解があり、むしろ経営者自身が一番記事を書いています。彼らは「粛々といい記事を出し続けていけば、ビジネスの成果につながる」という成功体験を持っているからこそ、中長期的にコンテンツ発信に投資できるのです。なかには「オウンドメディアはなにがあっても続けると決めているので、KPIは追わない」と断言している経営者もいます。

　それではいざ、現状コンテンツ発信に対して理解の浅い経営者にどうやってその重要性を理解してもらうかでいうと、方針はシンプルです。

「いい記事を作り、ビジネスの成果につながった」という事実を作るしかありません。ぜひ本書を参考に、粛々と「いい記事」を作りましょう。そして定量的な成果が出始めたら、人員と予算について着実に交渉していくのです。

2. コンテンツのネタがない

　2つ目は、「コンテンツのネタがない」という、現場レベルの壁です。「見込み客の役に立つ記事を作ろう」「SNSでバズる記事を作ろう」といった漠然とした目的のもとなんとなくアイデア出しをしていると、手詰まりになりがちです。まずは第3章で紹介した流れに沿って企画を立ててみてください。「明確な目的」と「企画を立てる手順」があれば、おそらく悩みは減るはずです。

　また、「ネタがない」と言いながら、「探してみればたくさんある」ケースも多いように感じます。「こんな情報を出したところで当たり前だし、別におもしろくない」という気持ちがブレーキとなってしまっているのです。たしかに、どこかで見たことのあるノウハウを世に出したとて、流入は伸びません。しかしながら、「自社にとっては当たり前のこと」が、「他社にとっては当たり前じゃないこと」はたくさんあります。最近中途で入社した社員にぜひヒアリングしてみてください。**「当たり前だと思っていたけど、実はそうじゃなかった自社ならではのノウハウや取り組み」**が、きっと見つかるはずです。

　「いや、それでもネタがないよ」とお困りの場合、有効な打ち手は2つあります。1つは**「顧客に直接インタビューすること」**です。パソコンの前で一人で唸るより、1社でもいいから顧客にインタビューするほうが、「こんなコンテンツがあるとお客様が喜んでくれそうだ」という確固た

るヒントが得られます。営業やカスタマーサクセスを介してお客様の話を聞いてもいいのですが、顧客の解像度を上げたいのなら、「直接お話しする」以上の手段はありません。

　ちなみに、顧客の声を起点に企画を立てると、執筆時に社員を巻き込みやすいという利点もあります。「A社様はもともとこういう不安を感じられていたようなので、○○というテーマで記事を作りませんか？この記事があれば、営業時の説明コストも下がるはずです」というふうに説明すれば、社員も「じゃあ協力しよう」と思ってくれやすいでしょう。

　続いて、ネタ出しに有効な打ち手の2つ目は**「連載を増やす」**ことです。言われてみれば当たり前のことかもしれませんが、かくいう私はなぜか「すべての記事を毎回新しく企画せねばならない」と思い込んでいた時期がありました。当時「毎月22本分の企画を立てるって大変だな」と感じていたのですが、「生成AIのトレンドについて毎月1本は記事を作る」というふうに連載を前提に企画を立てるようになって以来、脳みその負担がかなり減りました。もしまだ「連載」にチャレンジしていなければ、ぜひ試してみてください。

3.いい記事の書き手がいない

　いい記事を出し続けるうえでの3つ目の壁は、「いい記事の書き手がいない」ことです。社員に書いてもらおうとすると「忙しい」と断られ、外部ライターに書いてもらうとクオリティがイマイチ。本書の「はじめに」で提起した問題です。そのため「いい記事の書き手を増やす」ことを目的に「いい記事の書き方」をここまでまとめてきましたが、編集部としては、最終的に**ライターを内製するのか外注するのか**を判断しなければなりません。次項で掘り下げてみましょう。

ライターは内製すべき？
外注すべき？

「ライターは内製すべき？　外注すべき？」という議論は、オウンドメディア運営者のなかでたびたび盛り上がるテーマです。「お金」「スピード」「クオリティ」という3つの観点から改めて比較してみましょう。

「お金」観点

　一般的には「内製化したほうが費用をおさえられる」と言われています。しかしこれはあくまで目に見えて出ていく外注費を減らせるという話であり、いろんな角度から「お金」を捉えると、少し見方が変わります。たとえば、月10本記事を公開するとしましょう。

A．内製：現場で働く正社員10名が業務の合間に記事を書く
B．外注：外部ライターが1本3万円で10本記事を書く

　Aのように社員に協力を仰ぐ場合、人日単価5万円の人が8時間かけて記事を書いたとしたら、5万円分の売上を失う、つまり1本3万円で外注するよりも損している、と捉えることもできます。

　AとBはかなり単純化して比較しているため、実際には「内製化したほうが費用をおさえられる」ケースも多分にあります。しかし「内製化したほうがお金がかからない」と一概には言えないでしょう。

「お金」観点での比較

月10本記事を公開する場合

	執筆者	外注費	人件費	合計
A. 内製	現場で働く正社員 └人日単価5万円の 人が8時間で執筆	0円	50万円	50万円
B. 外注	外部ライター └1本3万円で執筆	30万円	0円	30万円

「スピード」観点

　2つ目の観点は「スピード」です。こちらは一般的に「外注のほうが一度にたくさん記事を作れる」、すなわち時間がかからないと言われています。たしかに、**社内にライティング専任者が潤沢にいない限りは「外注のほうがスピードがはやい」**と言えるでしょう。

　内製化する場合、そもそも社員数によって制作本数の上限が生まれてしまいますし、通常業務が忙しければ提出が延び延びになってしまうことも頻発します。また、執筆に慣れていない社員を巻き込む際はレクチャーやフィードバックの時間も必要です。

　一方で外注の場合、リソースが空いている執筆のプロにお願いするわけなので、お金さえ出せばほぼ確実に期日内に目標本数を揃えることができます。ただし、残念ながらライターに依頼してもクオリティが低く、編集に時間がかかるケースがたびたびあります。1時間で終わると思っていた作業に4時間かかることも少なくありません。

「クオリティ」観点

　3つ目の観点は「クオリティ」です。文章が上手なのは、その道のプロであるライターであるはずです。しかし残念ながら、依頼したライターが「実はプロではなかった」というオチに出くわすことがよくあります。

　また、コンテンツマーケティングにおいては「熱量」と「業界理解」があるライターこそ「いい記事」を生み出すことができます。この条件を満たすのは、当然ながら社員のほうでしょう。

　「お金」「スピード」「クオリティ」という3つの観点で比較しましたが、昨今のコンテンツマーケティングにおいては、なによりも「質」が求められます。よって私は**「可能な限り社員に記事を書いてもらう」体制が理想**だと考えます。とはいえ社員だけで完結しようとすると「公開本数が安定しない」という課題があるため、**一部は外部ライターと協業しながら「いい記事を出し続けること」が現実解**だと思います。

外部ライターと協業するポイント

弊社LIGはもともと「社員みんなで記事を書く」スタイルで運営してきましたが、現在は一部の記事のライティングを信頼できるライターにお願いしています（詳細は続く第9章にて）。ここでは、外部ライターと協業するためのポイントを2つ紹介します。

然るべき記事を、然るべき方法で依頼する

「ノウハウ記事」「まとめ記事」「インタビュー記事」など記事にはいくつか種類がありますが、このなかには「外部ライターに依頼すると著しくクオリティが下がる記事」と、そうでない記事があります。これらを見きわめて、然るべき記事を外部に委託するとよいでしょう。

外部ライターに依頼するとクオリティが下がる記事・下がらない記事

ライター依頼	記事の種類
○	事例記事 イベントレポート
△	まとめ記事 調査レポート インタビュー記事
×	ノウハウ記事

前ページ表で◯をつけたとおり、「事例記事」「イベントレポート」は、外部ライターに依頼してもクオリティが落ちることがほとんどないため、積極的に委託していきましょう。「事例記事」は取材から入ってもらうこともあるかと思いますが、質問項目がある程度決まっているため、的外れな取材になる心配もありません。

　△をつけた「まとめ記事」「調査レポート」は、必要な素材をすべて社内で揃えた状態で、執筆のみライターに依頼するのはOKです。一方で、業界理解が浅いライターに「素材集め」から丸投げするのは100％NGです。

　また、「インタビュー記事」は最も悩ましいケースです。「企画」と「取材」には社員を必ず入れましょう。一方で「執筆」は難度が高く、非ライターである社員が執筆すると撃沈する可能性があります。インタビュー記事の執筆に慣れているライター、あるいは編集部で執筆するほうがクオリティを担保できるのではないかと思います。

　最後に「ノウハウ記事」は、外部ライターへ発注することは一切おすすめできません。いままでに何本も「社員に取材してもらい、外部ライターが執筆する」という方法にチャレンジしてきたのですが、まったくうまくいきませんでした。**業界理解が浅い人が編集やライティングで介在すればするほど、情報のレベルが「理解が浅い人」に自然とすり寄ってしまう**のです。その結果、無難で薄いノウハウ記事が爆増します。「ノウハウ記事を外注したところクオリティが下がった」という声は弊社だけでなく、他の企業からもよく聞きます。ノウハウ記事だけは、なんとか社員に書いてもらうよう調整しましょう。

長期的に付き合う前提で専門知識をインプットしてもらう

　なお、素養のあるライターであれば、現時点で業界理解がなかったとしても、「**長期的に付き合う前提で専門知識をインプットしてもらう**」という選択肢があります。業界理解が深まれば深まるほど、安心してお任せできる領域が増えていきます。

　知識のインプットは、「編集部に1人正社員を雇ったつもり」でコミュニケーションをとっていくといいでしょう。会社やサービスについてインプットする研修の場を設けたり、お客様インタビューに同席してもらったりするのがおすすめです。また、地道にフィードバックを繰り返すことで目線を合わせていきましょう。

Summary

第8章 まとめ

▷ いい記事を出し続けるためには、「経営者が投資してくれない」「ネタがない」「いい記事を書く人がいない」という3つの壁をクリアする必要があります。

▷ コンテンツマーケティング目的の記事は「社員が書く」のが理想ですが、公開本数を担保するためには外部ライターの協力も必要です。クオリティに影響が出にくい記事を積極的に依頼しましょう。

▷ 「事例記事」「イベントレポート」は外部ライターに積極的に委託していきましょう。「まとめ記事」「調査レポート」は必要な素材をすべて社内で揃えた状態で、執筆のみ依頼するのはOKです。

▷ 「ノウハウ記事」は、外部ライターへ発注することは一切おすすめできません。業界理解が浅い人が編集やライティングで介在するほど、無難で薄いノウハウ記事が生まれてしまいます。

▷ 素養のあるライターであれば、「長期的に付き合う前提で専門知識をインプットしてもらう」という選択肢もあります。発注者側から積極的に情報提供しましょう。

忙しい社員を巻き込むために

To Engage Busy Employees

最後の章は、「社員に記事を書いてもらう」ために全社を巻き込む方法を紹介します。後半は「社員に記事を書いてもらう」スタイルで長らく運営してきた弊社「LIGブログ」の裏側も赤裸々に語りました。ライターのみなさんは、発注者を理解するうえで参考にしてください。

社員に記事を書いてもらうために編集部がやるべきこと

　ここから、忙しい社員に気持ちよく記事を書いてもらうために編集部がやるべきことを大きく3つ紹介します。「社員みんなで記事を書くこと」にチャレンジし続けてきた弊社LIGの実体験をもとにまとめました。

社員に記事を書いてもらうために編集部がやるべきこと

まずは「会社のルール」として徹底する	社員の気持ちに寄り添いモチベーションを高める	編集部が強いリーダーシップを発揮する

・「社員みんなで記事を書く」を経営方針にする ・「書くのが当たり前」という空気を醸成する	・社員にとってのメリットを説く ・小さな成功体験を社員にフィードバックする ・杞憂を吹き飛ばす	・編集部が一番記事を書く

1.まずは「会社のルール」として徹底する

「社員みんなで記事を書く」を経営方針にする

**最も重要なのは、「社員みんなで記事を書くこと」を経営方針にして
もらうこと**です。やはりこの号令なしに現場を動かすことはできません。

当然ながら社員は、クライアントの事業や自社サービスの発展のため
に日々心血を注いでいます。そのパフォーマンスで評価され、給料が決
まります。そんな状況下で記事を執筆してもらうわけなので、適当に依
頼するわけにはいきません。社員が記事を書くことを経営方針にしても
らう、つまりは「業務の一環」にしてもらわなければ成り立たないので
す。

「評価制度」に組み込んで本気を示す

また、**経営方針にするということは「評価制度に組み込む」ことにも
つながります。**実際に弊社LIGが「社員みんなで記事を書く」ことをル
ールにしていた時期は、評価項目の10％を「LIGブログ」に割り当て、
執筆記事の本数・クオリティで点数をつけていました。

クオリティは、次の基準のもと、私が責任を持ってすべての記事を読
み込み判定していました。

A：ほぼ編集なしでそのまま公開できる
B：ちょっと編集すれば十分公開できる
C：内容が薄く公開するには加筆修正が必要

　経営者の本気度を伝播させるためにも、評価制度に組み込むことは有効だと感じます。

「書くのが当たり前」という空気を醸成する

　経営方針とかなり近いものですが、**「書くのが当たり前」という空気を醸成する**ことも重要なポイントです。たとえルールがあったとしても、そのルールが形骸化していれば意味がありません。

　恥ずかしながら弊社LIGには、「社員はみんな月に1本記事を書く」というルールがあったにもかかわらず、提出率が20％程度しかない時期がありました。「自分1人書かなくたって、なんとかなるだろう」と考える人が多数派になってしまっていたのです。「このままではいけない」と2021年に抜本的な改革を進め、「社員はみんな2か月に1本記事を書く」というルールを再設定しました。これは経営方針であることを改めて説明し、評価制度にも組み込み、提出率100％を実現しました。

　提出率100％を実現するためには、あらゆる手を尽くしました。全社に対して3回締切をリマインドすることはもちろんのこと、締切12時間前の時点で提出がないメンバーはリストアップし、マネージャーが集まっているSlackチャンネルに共有。上司からもリマインドしてもらいました。また、提出状況は全社員が一覧できるGoogleスプレッドシートで管理し、「未提出者」は誰からも丸わかり状態でした。しかしここまでやっても5％前後の人は締切を守ってくれないため、締切翌日に上司

同席のもとショートミーティングを開き、記事を書いてほしい旨を改めて伝えて、2週間以内に提出してもらっていました。……ここまでやってようやく、100％です。

　こうして書き出してみると、さぞかし私は「鬼のリマインダー」として社員から恐れられていたのではないかと思いますが（笑）、おかげさまで「書くのが当たり前」という空気を作ることができました。ここまでやる必要はないかもしれませんが、**「書かない人」よりも「書く人」が多数派になるまでは、間違いなく地道な啓蒙活動が必要**です。

2.社員の気持ちに寄り添い モチベーションを高める

社員にとってのメリットを説く

　続いて、社員に気持ちよく協力してもらうためには、会社ではなく「社員にとってのメリット」もしっかり説明しましょう。記事執筆によって社員が得られるメリットは大きく2つあります。

　1つは、**自分のなかにあるノウハウや経験を記事にアウトプットすることで、学びが深まり定着する**ことです。たとえば私も、本書の執筆にあたって「自分の思考が及んでいなかった箇所」「感覚的にやっていて言語化できていなかったこと」にたくさん気づくことができました。以前よりも「Webライティング」のノウハウについて、網羅性と深みが増している感覚があります。このように、**「アウトプット」はなにより執筆者自身のためになる**のです。

　もう1つは**「セルフブランディング」につながる**ことです。たとえば、信頼に値するノウハウ記事をたくさん世に出していれば、初対面の相手でも「この人には安心して仕事を任せられそうだな」と思ってもらえる確率があがります。コンサルティングや営業、カスタマーサクセスなど、顧客折衝をおこなう職種とは相性ぴったりです。また、SNSで積極的に記事を発信すれば、執筆者自身のフォロワーが増えるといった効果もあるでしょう。

　なお、社員にメリットを提示するために **「金銭的なインセンティブを渡すのはどうか」という議論**がよく生まれます。弊社 LIG も 2019年頃に「毎月記事を書いた人に1万円」といったインセンティブを実際に取り入れていましたが、「あまり意味がない」と感じているのが正直なところです。たしかに1〜2割の社員はインセンティブ目的で記事を提出していましたが、「とりあえず出せばいいんでしょう」という気持ちが透けてみえるような、熱量が感じられない記事ばかりアップされていたのです。

　また、PVやシェア数など成果に応じてインセンティブを設けるパターンもあります。「いい記事を称えること」は私も賛成ですし、クオリティが高い記事が生まれる確率もあがるでしょう。しかし「経営方針にする」「書くことを当たり前にする」という前提なしにこのインセンティブを取り入れると、「もともと文章を書くことが得意な社員の出来レース」と化してしまい、「自分には関係のない話だな」と感じる社員が増えてしまいます。そうなれば、全社を巻き込むことに逆行してしまうのです。

　もちろん「1本5万円」のような破格のインセンティブ設定であれば一生懸命書いてくれるかもしれませんが、これは現実的ではないはずです。「お気持ち」程度の額しか出せないのなら、あまり意味がないように感じます。編集部から社員に執筆を依頼するときの口実が1つ増える程度ではないでしょうか。

小さな成功体験を社員にフィードバックする

　社員に記事を書いてもらう方針で成功しているオウンドメディアには、1つ共通点があります。それは「初日で2000PV超えました！」「○○というキーワードで上位とれてます！」「この記事を読んだ方からお問い

合わせがきました！」「めちゃめちゃ参考になる、とSNS上で感謝されてます！」「お客様に送ったらとても喜ばれました！」といった、**ポジティブな反響を共有して称え合う社内チャットを設けていること**です。こうした反響は執筆者本人に直接届かないことも多いので、編集部からていねいにフィードバックし、嬉しい気持ちを共有しましょう。

　多くの人は「文章を書くこと」が楽しいのではなく、**「書いた文章が多くの人に読まれること」「書いた文章が誰かの役に立つこと」**が嬉しくてまた筆をとります。忙しいなか一生懸命書いた文章がまったく読まれず、誰にも感謝されなかったら、それはもうやる気も出ません。だからこそ、こうした地道なフィードバックは重要なのです。

　なお、社員にノウハウ記事を書いてもらった場合、なにかしらのロングテールキーワード（複数単語が組み合わされた検索キーワード。1つあたりの検索ボリュームは少ないものの競合が少なく、上位にあがりやすい）で検索上位を獲得できる可能性があります。そのため編集する際は、記事にマッチする検索キーワードがないかを調べ、タイトルに反映させましょう。どんなに検索ボリュームの小さなキーワードであったとしても、「自分が書いた記事が検索上位にあがっている！」という体験は嬉しいものです。

杞憂を吹き飛ばす

　いざ社員に記事を書いてもらおうとすると、「こういうことを書くと業界の重鎮から指摘されるんじゃないか」「こんな初心者向けの記事を書くとナメられるんじゃないか」と、**あらゆる心配事から執筆の手が止まってしまうケース**があります。これは「いままであまり情報発信をしたことがなかった人」に顕著に現れる現象です。

　たしかに、どんなに誠実に執筆した記事でも「思わぬ議論」を生んでしまう可能性はゼロではありません。しかしながら、情報発信を恐れる人はほんのごく一部の炎上案件にばかり目を奪われており、**「まったく日の目を浴びることなくインターネットの片隅を彷徨っている記事」がその数億倍あること**に目が向いていないように感じます。

　なかには「こんなサービス紹介記事を書くとたくさん問い合わせがきて対応しきれないんじゃないか」というポジティブな不安もあります。安心してください。よほど待望のサービスでもない限り、記事一つでお問い合わせが山ほどくることはありません。

　こうした杞憂は、ひとまず3本ほど記事を書いてもらい、リアルなPVやコンバージョンの動きを「体感」してもらえれば、間違いなく吹き飛ぶと思います。慎重派の社員には、「初心者向け○○ツールの設定方法」など、議論を呼ぶ余地が一切ない記事を書いてもらうことからスタートするといいでしょう。

3.編集部が強い
リーダーシップを発揮する

編集部が一番記事を書く

　社員に記事を書いてもらうために編集部が取り組むべきことの3つ目は、「**編集部が一番記事を書く**」ことです。「記事を書きましょう」と求めてくる人が全然記事を書いていなければ、「いや、でも自分記事書いてないじゃん」と反発されるに違いありません。よってLIGブログ編集部には「月に1本記事を書く」というオリジナルルールを設けていて、私も月に1本以上記事を書き続けています。

　また、**執筆量が増えれば、編集部1人ひとりの「成功体験」も積み上がりやすい**と言えます。私がいま覚悟を持ってLIGブログの編集長を務められるのは、「在籍している社員のなかで自分が一番LIGブログを書いてきた」という自負と、「LIGブログに育ててもらった」という感謝が根底にあるからこそです。本書を書く機会が得られたのも、間違いなくLIGブログのおかげなのです。だからこそ、自分のチームメンバーにも同じように打席に立ち、チャンスを得ていってほしい。あわよくば、長く愛着を持って運営に携わってほしい。そのためにも、編集部には一番記事を書いてほしいと考えています。

社員にフィードバックするときのポイント

　社員にフィードバックをおこなう際は、**「とことん優しく」**が鉄則です。なぜなら社員はライティングのプロではなく、これからプロになりたいわけでもないからです。「文章がうまくなりたいので、ガンガンフィードバックください!」とやる気に満ちあふれた社員もまれにいますが、大多数はそうではありません。編集部から赤入れMAXの原稿が戻ってきたら、「もうブログ書きたくない」と完全にやる気を失ってしまうものです。

　そのため、自分が書いた文章にこだわりのない社員が相手であれば、日本語はしれっと直して「こちらで少し編集を加えました。違和感がないか改めてご確認ください!」と伝えればOKです。どこを修正したのか事細かに開示する必要はありません。一方で、文章に強いこだわりを持った社員が相手の場合は、編集部が勝手に修正するとまず怒られます。「いち読者としてこういう表現のほうがわかりやすいと感じましたが、どうですか?」と提案するようにしましょう。そうすれば相手も聞き入れてくれるはずです。また、「ネガティブではなくポジティブなフィードバックから伝えよう」といった、世の中一般的なフィードバックのコツももちろん有効です。

　たとえ締切通りに記事を出してくれなくても、たとえ癖強めな文章で初稿があがってきたとしても、社員に記事を書いてもらわないことには、オウンドメディアを継続できません。やる気を損ねるコミュニケーションはグッとこらえて、執筆のモチベーションアップに注力しましょう。

事例

オウンドメディアの先駆者「LIGブログ」

　最後の最後に、「社員みんなで記事を書く」ことを長年やってきたLIGブログの事例を紹介します。私が入社した2018年以降の話を中心に、失敗談も赤裸々にさらけ出しました。コンテンツマーケティングを実践するみなさんにとって、少しでも参考となれば幸いです。

LIGブログの変遷

2007	創業とともにメディア立ち上げ
2012	「伝説のWebデザイナー」がバズる
2013	メディア事業を本格スタート
2016	月間800万PVという最高記録を達成
2018	社員みんなで記事を書くルールが形骸化
2021	LIGブログ改革プロジェクト開始
2022	CI変更に伴い編集部主導の運営体制へ変更

（私まこりーぬ）
- 2018 LIG入社
- 取材連載開始
- 2021 編集部異動
- 2022 編集長代理就任
- 2023 編集長就任

「社員みんなで記事を書く」オウンドメディアの先駆者

　「LIGブログ」は、2007年の創業とともに立ち上げた株式会社LIGのオ

ウンドメディアです。**「社員みんなで記事を書く」というスタイルで長らく情報発信を続けているご長寿メディア**であり、ありがたいことに「オウンドメディアの先駆け的存在」と称してもらうこともあります。

　弊社がなぜオウンドメディアを始めたのかというと、シンプルに「創業メンバーがコンテンツを通じて人を楽しませることが好きだったから」です。彼らは、学生時代から「個人サイト」でおもしろおかしい情報発信をおこなうような人たちでした。そのため、いざWeb制作会社を立ち上げたときも「営業したくないから、自分たちが得意な情報発信でお客様に知ってもらおう」と自然と考えついたわけです。

　その後「LIGブログ」では、個性あふれる記事がたくさん公開されていきました。2012年に公開した、当時の社長を砂浜に埋めたコンテンツ「伝説のWebデザイナー」を皮切りに、いわゆる「バズ記事」がどんどん生まれていったのです。そのバズ記事を見て、ユニークな社員が入社し、さらにバズ記事が生まれる。そんなサイクルが回り、月間数百万PVのオウンドメディアへ急成長していきました。

　するとありがたいことに、「『LIGブログ』に広告を出せませんか？」と周囲から声がかかるようになったのです。**自社のお問い合わせを増やすためのオウンドメディアだったにもかかわらず、売上に直接貢献する商業メディアへと変貌**しました。2016年には、異例の月間800万PVを達成しています。これは「おもしろブログ」だけでなく、SEO記事も粛々と積み上げられていたからこそ生まれた結果です。この時代の恩恵を受けて、7年以上経ったいまでも、多くの検索ユーザーがLIGブログを訪ね続けてくれています。

　また、PVだけでなく「お問い合わせ」にももちろん大きく貢献して

います。サービス比較記事経由でお問い合わせを獲得しているのはもちろんのこと、「昔からLIGさんのことを知っていて、いつかお仕事したいと思っていたんです」と指名で相談してくださる企業様も多くいらっしゃいます。2023年現在、いまの編集部の頑張りもあり、LIGブログはBtoB事業で月間50件前後、BtoC事業で月間100件前後のお問い合わせを生み出し続けています。

残念ながら形骸化してしまったルール

しかしながら、そんなLIGブログも順風満帆だったわけではありません。私が入社した2018年には、LIGがずっと大切にしてきた**「社員みんなで記事を書く」というカルチャーが完全に形骸化**してしまっていました。

弊社LIGは、2012年から2016年にかけて築き上げられた「認知度」と「検索流入」のおかげで、「毎月お問い合わせが途切れない」というすばらしい状況にありました。人間とは怠惰なもので、なにもせずともお問い合わせがくるようになると、本当になにもしなくなります。「今月はクライアントワークを優先します」という社員が少しずつ増えていき、いつしかそれが過半数を超え、**社内には「みんな書いてないし、私も書かなくていっか」という空気が蔓延**していました。これが「提出率20％」の背景です。

さらにタイミングが悪いことに、当時は「編集長」が不在でした。これからのLIGブログを責任持って引っ張っていく人がいなかったのです。ちなみに3〜4年もの間なぜ編集長の席が空いていたのかというと、当時の社長いわく「LIGブログの編集長は、編集のスキルが高かったとしても社員を巻き込むスキルがなければ務まらない。だからなかなか適任

者が見つからなかったんだよね」とのことでした。たしかにものすごく社内調整力が求められるポジションなので、中途で採用した人をいきなり編集長として迎え入れるのはなかなか厳しかったでしょう。

　そうこうしているうちに、PVは着実にじわじわと下がっていました。Googleのアルゴリズムが一層「サイトの専門性」を重視するようになったこともあり、あらゆるテーマの記事が混在したLIGブログにとっては不利な状況でした。Googleのコアアルゴリズムアップデートがあるたびに階段を一つ降りるように、少しずつ少しずつ、落ちていきました。

　こうした状況を見かねた経営陣が「**いよいよLIGブログを立て直そう**」と重い腰を上げたのは、2020年の年末のことでした。全盛期のLIGブログを引っ張っていたOBである株式会社THE MOLTSのメディアコンサルタント・寺倉大史（旧そめひこ）さんに約1年間コンサルティングを依頼して、改革プロジェクトをスタートしたのです。私はこのタイミングを機に、LIGブログの運営に携わるようになりました。あらゆる部署にバラけていた広報やデザイナーを一つのチームにまとめて「編集部」とし、そのチームのリーダーを担うことになったのです。

全社員で記事を書くことの功罪

　改革プロジェクトの目玉は、「社員みんなで記事を書く」カルチャーの大復興でした。頻度を「月に1本」ではなく「2か月に1本」に落とすことで執筆の負担を減らしながら、「もはやなんでもアリ」だったテーマを「業務で学んだこと」に絞ることでクオリティの向上を目指しました。また、経営方針として評価制度にも組み込み、記事の提出を徹底すべく地道に呼びかけ続けたことによって、提出率100％を実現したのです。

社員に記事を書いてもらうことによって、かゆいところに手が届く、一次情報が詰まった「いい記事」が続々と生まれていきました。もちろんなかには「カタカナと専門用語が多すぎ」「メッセージを詰め込みすぎ」といった記事もあり、編集に時間を要する側面もありましたが、その工数をとってでも「ぜひ世に出したい」と思える記事であふれていました。

　……しかしながら、頑張って復活させた「社員みんなで記事を書く」カルチャーは、残念ながら1年でストップすることになります。

　2021年から2022年にかけて、弊社LIGはCI（コーポレート・アイデンティティ）を大きく見直していました。「おもしろブログの会社」「Web制作会社」というイメージから脱却し、「海外リソースを活用してお客様のDXを支援する会社」へと生まれ変わることになったのです。となれば、**当然ブログで発信する情報も「DXやテクノロジーに関連するテーマ」に寄せていく必要**がありました。しかし全社員から記事を集めていると、どうしてもそれらに特化させることが難しい、というジレンマにぶつかってしまったのです。

　また、記事のテーマを絞ったほうが「Googleから評価されにくい」という課題も解決できそう、という期待もありました。よって最終的には経営判断で、「社員みんなで記事を書く」というルールはいったん止めることにしました。新たなLIGのCIを広めるうえで適した記事を編集部で企画して、適宜社員を巻き込みながら記事を作っていく体制へ大きく移行したのです。

薄まるノウハウ、高まる危機感

　この体制移行に伴い、編集部の仕事はガラッと変わりました。それまでは「社員が書いた記事を最大限に磨き上げて世に出す」という仕事でしたが、「企画を立てて、必要な人を巻き込み、ときには自分で書いて公開する」という、一般的な編集の仕事になったのです。「いいライターがいない」という課題に直面したのもこのタイミングでした。

　移行してすぐは、なかなかいい企画を出せずかなり苦労しました。「こういう記事を作るのはどうですか？」と事業部に提案しては、「それはターゲットがズレている」「いいテーマだけど社内にノウハウがない」「この社員が執筆者として適任だけど、リソース的に再来月以降じゃないと無理」など、それはもう大量にボツを食らってしまったのです。スムーズに企画を通せるようになるまで、おそらく3か月はかかったのではないかと思います。

　また、それ以上に危機感を覚えたのは、**どこかで見たことがあるような「無難なノウハウ記事」ばかり生まれてしまった**ことでした。私含め編集部のDXやテクノロジーに関する知識が不足しているがゆえに、どうしても「易しいテーマ」に帰着する傾向があったのです。しかも「企画が通らない」という壁にぶち当たっていた影響で、立てる企画が「事業部がOKしてくれそうなもの」へ偏ってしまっていました。本来は企業イメージの刷新に寄与するコンテンツを作るべきなのに、足元の本数が足りないがゆえに、インスタントに作れる記事に飛びついてしまっていたのです。

　現在は、ノウハウ記事は編集部が介入しすぎないようバランスをとり

ながら運営しているため、前述の反省点はクリアできています。具体的には、「生成AI関連の記事を月3本作りましょう」といった粒度で事業部に依頼をかけていて、具体的なテーマ設定は執筆者本人に委ねるようにしています。また、体制移行当初に比べると事業部と編集部の間でしっかりと関係性が構築できているため、社員に書いてほしい記事に関しては、素直に「社員に書いてほしいんです」とお願いしやすい状況になりました。

LIGブログの現在とこれから

　このように紆余曲折ありましたが、私は編集長として、やはり「社員が書く記事」の割合を増やしていきたいと強く考えています。**社員が持っているノウハウこそコンテンツに落とし込むべき企業の資産であり、それがお客様との出会いを生み出す**からです。

　しかしながら、「全社員で記事を書く」というルールに戻りたいわけではありません。強制するのではなく、「自ら書きたい」あるいは「喜んで協力するよ」と思ってもらえるようなメディアを作りたいと、本気で考えています。そのために編集部がやるべきことは、「最高の舞台」を作っておくことです。**「前に出れば注目を浴びられる」「お客様から仕事が飛んでくる」「一緒に働いてくれる仲間が現れる」**、そんな夢のような舞台です。

　そのため現在のLIGブログは、まずは「お客様から仕事が飛んでくる」状況を作ることに振り切って動いています。KPIは明確に「お問い合わせ数」です。頼もしいチームメンバーのおかげで着実に成果は伸びており、各事業部における「LIGブログへの期待値」が変わってきていることを肌で感じています。「編集部にブログを書いてほしい」「自分もブロ

グを書きたい」という声が着実に増えていて、とても嬉しい限りです。事業貢献のためにも引き続きこの方針でアクセルを踏みつつ、2024年にかけては「PVの向上」を意識した打ち手も増やしていきたいと考えています。

　また、まだまだ先の話になりそうですが、理想とする舞台に近づくことができたら、「舞台で輝くタレントの輩出方法」にも再現性を見出していきたいと考えています。誰か1人タレントが抜けたらごっそり客席からファンがいなくなってしまうような脆い状況ではなく、つねに有望なタレントがたくさん揃っていて、後進の育成もできている状態を作る。そうして**持続的にLIGブログが回っていく仕組みを作る**ことが、私の目指す場所です。

　……LIGブログにとって「社員みんなで記事を書く」という方針は、とても大切なカルチャーでした。しかし「大切だから」という理由で固執し続けていたならば、編集部のリソースをお問い合わせ獲得に集中投下することがなく、いまほど成果が出ることはなかったでしょう。**オウンドメディアを続けるためには、「変わり続けること」こそが大切**です。引き続き変化し続けながら、LIGブログに向き合っていきたいと思います。

編集長の仕事とは

　2021年に「編集長代理」を拝命したとき、自分で定義した「編集長」の仕事が5つあります。「数字を伸ばす」「いい記事を増やす」「関係者の気持ちを盛り上げる」「仕組みを作る」「どんな業務にも誠実に対応する」。いま振り返ってみても、この5つはおおむね間違っていなかったと感じます。とくに1つ目の「数字を伸ばす」は、コンテンツマーケティングの一環としてオウンドメディアを運営する以上、目を背けてはいけないものです。

　いま改めて「編集長」の仕事とはなにかを定義するのであれば、新たに付け加えたい項目が一つだけあります。それは「**メディアの未来を描く**」ことです。旗がなければ、目の前の課題を解決することしかできません。旗がなければ、メンバーから自発的なアイデアが生まれることもありません。旗がなければ、得られるスキルや給与が見合わなくなった途端にメンバーは離職します。なにもいいことがないのです。

　旗を立てることは、リーダーにしかできない仕事です。メディアの未来を描き、その未来を誰よりもおもしろがりながら、どんどん周囲を巻き込んでいきましょう。

Summary

第9章 まとめ

▷ 全社を巻き込むには、「社員みんなで記事を書く」を経営方針にすることが欠かせません。くわえて、「書くのが当たり前」という空気を醸成するために地道な声掛けをおこないましょう。

▷ 社員にモチベーション高く記事を書いてもらうためには、インセンティブを支給するより、小さな成功体験を積んでもらうことが大切です。感想や成果をしっかり執筆者へフィードバックしましょう。

▷ 周囲を巻き込む立場にある編集部は、誰よりも記事を書くべきです。自分の成功体験を積み上げながら、リーダーシップを発揮していきましょう。

▷ LIGブログは「社員みんなで記事を書く」というカルチャーを大切にしながらも、会社のフェーズにあわせて運営体制を変更してきました。オウンドメディアを続けるためには「変わり続けること」こそが大切です。

自分が書くものを
おもしろがる

おわりに

自分が一番おもしろがろう

　世間一般的には、「こんな記事おもしろくないんじゃないか」と疑って疑って、何度も何度も推敲を重ねて、よりよいコンテンツへとブラッシュアップしていくことが「是」とされています。たしかにその通りだと思うのですが、実は私の場合、まったく逆です。

　私はいつも、どの記事も「めちゃめちゃおもしろい！」と思いながら書いています。過去に自分が書いた記事を「やっぱりおもしろいなぁ」とニヤニヤしながら読み返すという、なんとも気持ちの悪い癖まで持っています。もちろん本書も、「手前味噌ながらおもしろいなぁ」と思いながら執筆しています。独りよがりにならないように周囲からフィードバックをもらいながら執筆しましたが、基本的に自分が書くものを「おもしろがっている」のです。

　ぜひ一度、考えてみてください。生みの親である執筆者が「おもしろくない」と思っている文章をおもしろがってくれる人なんて、はたしてこの世にいるのでしょうか？……自分が誰よりもそのコンテンツをおもしろがらなければ、誰にもおもしろがってもらえないのではないでしょうか。

　自分がおもしろがっていると、あらゆるいい影響が生まれます。たと

えばインタビュー記事の場合、おもしろがって取材するからこそ相手も乗り気になってくれて、感情がのった言葉を引き出すことに成功します。「こんな金言の数々、早く世にお披露目せねば！」と執筆スピードが上がります。公開後も自信を持って「ガンガンシェアしよう！」という気持ちになります。一方でもし自分がおもしろがっていなければ、すべて逆の現象が起こります。仕事として、ただこなされただけの、誰の心も動かさない記事しか生まれません。

　だからぜひみなさん、おもしろがりましょう。自分が書くものを。

書くことは、いいぞ

　そうやっておもしろがって記事を書き続けていたら、ただの平社員マーケターだった人間が、副業でライティングの仕事をもらえるようになり、自社のオウンドメディア編集部にも召喚され、編集長に昇進し、気がつけば本を出版していました。
　「書く」という行為には、「学び」と「記事の公開」「実績」がセットでついてきます。学びを記事にして公開すると実績となり、その実績を見てくれた人から次の仕事が舞い込みます。これを繰り返していると一層学びが深まり、できることが増えます。できることが増えれば、書ける記事も増えます。実績公開の機会も増えます。こうしてさらに次の仕事が舞い込みます。この好スパイラルがエンドレスで循環します。

　……「書く」って本当に、すごい最高じゃないですか！？

　数年前、上司から「先輩マーケターに取材しよう」と指示を受けたとき、「私のような素人が著名人にインタビューして記事を書くなんて、大丈夫なんだろうか」とためらう気持ちがありました。でもあのとき、

断らなくてよかった。本当に。

　ぜひみなさんも、まずは書いてみてください。その小さなチャレンジがいずれ大きなうねりとなって、あなたの人生を変えるかもしれません。

謝辞

　私の仕事人生に多大なる影響を与えてくださった諸先輩方、とくにアナグラム株式会社代表取締役阿部圭司さん、株式会社才流代表取締役社長栗原康太さん、株式会社ベイジ代表取締役枌谷力さん、株式会社THE MOLTS代表取締役寺倉大史（旧そめひこ）さん、株式会社WACUL代表取締役垣内勇威さん、株式会社WACUL執行役員安藤健作さん、また、元上司である株式会社JYM代表取締役社長橋本陽介（よすけ）さん、いつも本当にありがとうございます。今後もみなさんの背中を追いかけながら、仕事に励みます。

　また、コンテンツ発信におおいに投資し、いつも快く協力してくれる株式会社LIG代表取締役社長大山智弘さん、取締役高遠和也（づや）さん、そしてともにコンテンツ発信に励むLIGブログ編集部メンバー、佐舗綾乃さん、山崎真由子さん、廣田千里さん、松井文香さん、山口達也さん、柳翔さん、井上寛章さんに、心より御礼申し上げます。

　なにより、ここまで読んでくださった読者のみなさん、本当にありがとうございました。もしSNSにてご感想をお寄せいただけましたら、ぜひ直接お礼を伝えさせてくださいませ（ハッシュダグは「#いい記事書こう本」あるいは「#まこりーぬ本」をご利用ください！）。本書がライターとしてのキャリアを切り拓くきっかけに、あるいはマーケティングで成果を出すきっかけになれば幸いです。

齊藤麻子（さいとう まこ）
マーケター、LIGブログ編集長、ライター（まこりーぬ）。1992
年生まれ。2014年九州大学芸術工学部卒業後に採用コンサルティ
ング会社へ新卒入社。法人営業から新規事業推進、マーケティ
ング業務に従事したのち、2018年に株式会社LIG（リグ）に転職。
2023年に月間約200万PVのオウンドメディア「LIGブログ」の編
集長に就任。現在は自社のマーケティング、オウンドメディア運
営に携わる。副業ではライター（まこりーぬ）として、年間70本
以上の記事のライティングを手がけ、その記事の質の高さでマ
ーケティング領域のインフルエンサーから信頼を集める。

デジタルマーケの成果を最大化するWebライティング

2023年11月1日　初版発行

著　者　齊藤麻子 ©M.Saito 2023
発行者　杉本淳一

発行所　株式会社 日本実業出版社　東京都新宿区市谷本村町3−29 〒162-0845
　　　　編集部 ☎03-3268-5651
　　　　営業部 ☎03-3268-5161　振替 00170−1−25349
　　　　https://www.njg.co.jp/

　　　　　　　　　　印刷／堀内印刷　　製本／共栄社

ISBN 978-4-534-06053-2　Printed in JAPAN